Neue
Kleine Bibliothek 125

Andreas Kuhlmann

Faustrecht

Gewalt von Jugendlichen in Schule und Freizeit

PapyRossa Verlag

Für Omi

Gewalt ist die letzte Zuflucht des Unfähigen
(Isaac Asimov)

Dritte, veränderte und erweiterte Auflage

Luxemburger Str. 202, 50937 Köln
Tel.: ++49 (0) 221 – 44 85 45
Fax: ++49 (0) 221 – 44 43 05
E-Mail: mail@papyrossa.de
Internet: www.papyrossa.de

Umschlag: Willi Hölzel, Lux siebenzwo
Satz: Volker Hirsekorn
Druck: Interpress

Die Deutsche Bibliothek verzeichnet diese Publikation in der Deutschen Nationalbibliografie; detaillierte bibliografische Daten sind im Internet über http://dnb.ddb.de abrufbar

ISBN 978-389438-375-6

Inhalt

Prolog

Als sich Anfang der 90er Jahre die Meldungen über Gewalt von Jugendlichen häuften, als alle Gazetten, Zeitschriften und auch Fachzeitungen wahre Horrorszenarien über die Zustände in Deutschlands Schulen entwarfen, verhielten sich einige Menschen in Berlin anders als es die Medien vormachten: Sie verschlossen weder Augen noch Ohren und behaupteten auch nicht: »An unserer Schule gibt es so etwas nicht«. Sie verfielen nicht in hysterische Überreaktionen, sondern reagierten rational und auf eine der Problematik angemessene Weise. Es waren die Verantwortlichen, welche die Evangelischen Schulen in Berlin leiteten, die zusammen mit den für die Schulen zuständigen Dezernenten der Amtskirche über Möglichkeiten und Wege diskutierten, sich dem Problem mit der gebotenen Sachlichkeit zu stellen. Das Ergebnis dieser Beratung führte dazu, dass ein bis dahin unbekanntes Aufgabenfeld geschaffen wurde, das des »*Gewaltbeauftragten der Evangelischen Schulen in Berlin-Brandenburg*«.

Diese spezielle Tätigkeit, der ich vom Beginn der 90er Jahre des letzten Jahrhunderts bis zum Erscheinen der 1. Auflage dieses Buches 1998 verpflichtet gewesen bin, war eingebunden in eine volle Lehrerstelle. Die eine Hälfte bestand aus der üblichen Unterrichtsver pflichtung, die andere galt dem Thema Gewalt. Diese Aufteilung hat sich bewährt; im tagtäglichen Praxisbezug wurde die Gefahr gebannt, dass ich als der »Gewaltbeauftragte« den Kontakt zur Realität verlor; noch wichtiger war, das ich bei meiner Arbeit Theorie und Praxis erfolgreich miteinander verbinden konnte.

In jener Hälfte der Arbeitszeit, in der ich das Problemfeld Gewalt zu beackern hatte, war meine Kreativität gefordert, denn bisher gab es einen so definierten Arbeitsplatz noch nicht.

Es stellte sich schnell als sinnvoll heraus, den drei Gruppen, die am Schulleben aktiv beteiligt sind, nämlich den Schülerinnen und Schülern, den Lehrerinnen und Lehrern und den Eltern verschiedene Angebote zu machen. Wir entwickelten Seminare für Unterrichtende und für Eltern, die ebenso gut besucht waren wie die Fachvorträge bei Informationsveranstaltungen oder Podiumsdiskussionen. Gemeinsam mit den Kindern und Jugendlichen wurden im Unterricht Methoden und Vorgehensweisen zur Gewaltprävention und –intervention erdacht, erörtert und ganz praktisch ausprobiert.

Ständig durchforstete ich auch die Neuerscheinungen zum weit gefächerten Themenbereich Gewalt und baute mir ein eigenes kleines Zeitungsarchiv auf.

Darüber hinaus wurde ich bald als Referent in der Politischen Erwachsenenbildung sowie in der Lehrerfortbildung aktiv. Die Möglichkeiten, in diesem Rahmen mit allen Menschen, die etwas zum Thema mitteilen konnten und mir somit weiterhalfen, d.h. mit Polizei, Wissenschaftlern, Erziehern, Verantwortlichen in Vereinen und Institutionen etc. zu sprechen, waren für mich ein großer Gewinn.

Mein Tätigkeitsfeld als damaliger *Gewaltbeauftragter* kann so beschrieben werden, dass ich die Analyse der Fachliteratur, der realen Lebensbedingungen der Kinder und Jugendlichen sowie das Aufzeigen und Anwenden von Hilfsangeboten zu einem kompakten Paket zusammenzuschnüren hatte.

Dieser Aufgabe entsprechend ist das hier nunmehr in der dritten, überarbeiteten Auflage vorgelegte Werk aufgebaut:

Im ersten Teil setze ich mich mit den Ergebnissen wissenschaftlicher Lektüre, meiner eigenen Forschungsarbeit und den neuen Erkenntnissen der wissenschaftlichen Debatten auseinander. Das Themenfeld ist äußerst komplex und die bereits vorhandene Literatur bisweilen undurchsichtig. Ich versuche, mit meiner Analyse einen gangbaren Weg zu finden; einen Weg, der einen erfolgreichen Umgang mit der Gewaltproblematik in all ihren Erscheinungsformen sowohl in präventiver als auch in akuter Hinsicht verheißt.

Der zweite Teil des Buches will hierfür Anregungen, Beispiele und Vorschläge geben. Die meisten dieser Vorschläge sind erprobt und haben sich in der Praxis bewährt. Einige harren noch der Erprobung. Es hätte den Rahmen des Buches gesprengt, wenn ich alle Möglichkeiten und Varianten aufgelistet hätte. Stattdessen habe ich Praxis orientierte Bücher sowie andere Medien in die Literaturliste aufgenommen. Neu aufgenommen wurde eine Sammlung von Informations- und Hilfsangeboten ganz unterschiedlicher Art. Viel Spaß und viel Mut beim Suchen und Erproben!

Sicher hat sich die gesellschaftliche Realität der Heranwachsenden seit der Erstausgabe dieses Buches in konkreten Zügen verändert, sicher gibt es auch neuere Erkenntnisse – z. B. aus der Hirnforschung -, die hier auch referiert werden, dennoch bleibt festzuhalten, dass die grundlegenden Bedingungen, die das Entstehen von Gewaltbereitschaft bei jungen Menschen fördern, weiterhin existieren.

Demzufolge habe ich in dieser dritten Auflage von »Faustrecht« alle Kapitel auf den Prüfstand gelegt, habe gefragt, welche Themenbereiche gegebenenfalls gestrichen, durch Aktualisierung geändert oder ergänzt werden mussten.

So beschäftigt sich ein Kapitel mit Amokläufen an Schulen; an anderer Stelle kommt die intensive Internet- und Computernutzung der »Kids« im 21. Jahrhundert ausführlich zur Sprache.

So wie sich die Realität der Schülerinnen und Schüler in unserem Land ändert, so hat sich auch meine Realität verändert: Unmittelbar nach dem Erscheinen der 1. Auflage wechselte ich von den Evangelischen Schulen an eine staatliche Hauptschule in Berlin-Wedding und wurde zunächst Konrektor, dann Schulleiter. An dieser Schule - in einem sozialen Brennpunkt gelegen - konnte ich vieles in der Praxis erproben, was mich zuvor nur in der Theorie überzeugt hatte. Außerdem habe ich dort zum Teil hautnahe Gewalterfahrungen gemacht, die meinen Horizont in mancher Hinsicht erweitert haben - sowohl im Hinblick auf präventive wie auch auf eingreifende Maßnahmen.

Zu einer der präventiven Maßnahmen gehörte die Einführung des »Sozialen Lernens«. Im Rahmen meiner oben genannten Referententätigkeit bin ich seit 2001 auch als Trainer für das Life-

Skills-Programm »Erwachsen werden« tätig. Über die Ziele, Inhalte und Methoden solcher Programme von sozialem Lernen wird in der hier vorliegenden Neuauflage genauso zu berichten sein wie über die Fakten und Debatten zum Themenbereich »multikulturelle Gesellschaft«.

Der Vollständigkeit halber sei noch erwähnt, dass ich mittlerweile zwar noch Schulleiter einer Hauptschule bin, aber nicht mehr in Berlin, sondern in Nordrhein-Westfalen. Dorthin bin ich aber nicht, wie das ZDF in einer Ausgabe seiner Sendung »Frontal 21« behauptete, vor der Gewalt aus Berlin geflüchtet, sondern die Liebe hat mich dahin gezogen.

Noch ein Wort in eigener Sache: Auch wenn in diesem Buch oft von verhaltensauffälligen, problematischen und Problem beladenen Kindern und Jugendlichen die Rede ist, möchte ich doch betonen, dass es viele junge Menschen gibt, die das Wichtigste, das sie zum Leben und zur Entwicklung brauchen, erhalten und erfahren: Sie werden angenommen, akzeptiert und geliebt!

Einführung

Gewalt in der Schule ist nach wie vor ein heftig diskutiertes Thema, dem aber, so meine erste allgemeine Bemerkung, zu viel oder die falsche Aufmerksamkeit geschenkt wird. Nicht die Aufsehen erregenden, widerwärtigen Gewalttaten, wie jene an einem Gymnasium in Erfurt oder jüngst an einer Realschule ins Emsdetten, widerspiegeln das typische Bild der derzeitigen Entwicklung, sondern es ist die alltägliche, die »kleine Gewalt«.

So ist die Gefahr, dass Schülerinnen und Schüler Opfer von (Gruppen-) Gewalt auf dem Schulweg werden - mit der Ausnahme einiger weniger, problematischer Schulstandorte - ziemlich gering, mit einer Wahrscheinlichkeit im Promillebereich. Dass sie aber Opfer von Gewalt im Klassenzimmer oder auf dem Schulhof werden, ist mit fast 100prozentiger Sicherheit anzusetzen. Es ist lediglich eine Frage der Zeit, der Art und der Weise.

Die zweite allgemeine Bemerkung: Wer nahezu ausschließlich von Gewalt in der Schule oder von Jugendgewalt spricht, möchte etwas verbergen. Denn die Gewalt, die uns hier entgegentritt, ist lediglich ein Abbild jener Gewaltbereitschaft und -anwendung, die wir in der Gesamtgesellschaft beobachten können.

Wer alltagsnahe Gewalterfahrungen sammeln möchte, dem sei zum Einstieg empfohlen, sich eine Zeit lang mit einem alten VW-Golf oder gar einem Trabi mit 100 kmh auf der linken Spur einer bundesdeutschen Autopiste zu bewegen. Was dann passiert, hat eine Menge mit Gewalt oder Aggressionen zu tun. Und stellen wir uns einmal vor, da sitzt ein zehn Jahre junges Kind auf dem Rücksitz eines PS-starken Autos, dessen Lenker gerade mit Lichthupe und anderen drastischen Hilfsmitteln einen Schwächeren nach rechts abdrängt. Was dieses Kind lernt, ist leicht zu erraten: den Verdrängungskampf gegen die Schwächeren unter Einsatz von Macht. Und um Machtausübung geht es gewalttätigen Menschen letztlich immer.

Und drittens: Eine in den neunziger Jahren durchgeführte Umfrage der Humboldt-Universität Berlin innerhalb Berlins hat ergeben, dass ca. zwei Drittel aller Schülerinnen und Schüler angaben, sie hätten noch keine Erfahrungen mit Gewalt auf dem Schulweg oder in der Schule gemacht. Andererseits geben aber auch zwei Drittel an, dass sie hiervor massiv Angst haben. Auch diese Angst ist es, mit der wir umzugehen haben. Schließlich führt sie auch dazu, bestimmte, in den Medien publizierte Gewaltereignisse, die nicht zum persönlichen Erfahrungsbereich gehören, als individuelle Bedrohung zu begreifen. Die Autoren der Shell-Jugendstudie 2006 berichten zum Beispiel davon, dass 69 % der Jugendlichen Angst vor Arbeitslosigkeit haben, vier Jahre zuvor waren dies »nur« 55 %. Auch die Angst, ein Leben in Armut führen zu müssen, ist weit verbreitet, 66 % der Jugendlichen äußern eine solche Befürchtung (vgl. Berliner Zeitung, 12.2.2007, S. 22). Ängste können ein Klima der Verunsicherung hervorrufen, in dem gefährdete Jugendliche dazu verleitet werden könnten, Gewalt zur vermeintlichen Selbstsicherung anzuwenden.

Mit der vierten allgemeinen Bemerkung möchte ich darauf hinweisen, dass verschiedene Arten der Gewaltanwendung existieren:

a) Durchsetzungsgewalt
Ich benutze meine Körperkraft mit oder ohne Waffen gegen Personen oder Sachen, um mein Vorhaben durchzusetzen.

b) Psychische Gewalt
Hierzu gehören z. B. Erpressungen auf dem Schulweg. Aber auch die verbreitete intellektuelle Arroganz unter Jugendlichen. Wir kennen dieses Spiel: Für Gymnasiasten sind die doofen Realschüler an allem schuld, für die Realschüler die Hauptschüler, für diese die Schüler der Sonderschule, die in meiner Schulzeit verächtlich »Brettergymnasium« genannt wurde. Schon die Kleinen beherrschen den Umgang mit der gesellschaftlichen Hackordnung ganz ausgezeichnet.

Zur psychischen Gewalt gehört das Ausgrenzen innerhalb der (Lern-) Gruppen, das Abstempeln von Außenseitern und das hiermit verbundene verbale Fertigmachen.

Hiermit korrespondiert auch ein bestimmtes Lehrerverhalten: Nämlich der Zynismus, der in unserer Berufsgruppe verbreitet ist. Sprüche wie »Du hast den Kopf wohl nur auf dem Hals, damit es nicht reinregnet« oder »Deinem persönlichen Computer mangelt es wohl an Speicherfähigkeit« haben im Umgang mit Kindern und Jugendlichen nichts zu suchen. Als Beispiel sei auch die »Vorführmethode« genannt. Damit sind jene Situationen beschrieben, bei denen Schüler oder Schülerinnen sich auf Geheiß eines Lehrers lediglich zum Zwecke der Vorführung ihrer vermeintlichen Unfähigkeit vor der Klasse produzieren sollen. Frage ich Kinder und Jugendliche im Unterricht, was ihnen in der Schule am meisten Angst macht, so wird häufig diese Situation genannt. Ja, sie wird sogar sehr oft als seelische Gewalt wahrgenommen.

c) Verinnerlichte und letztlich gegen die eigene Person gerichtete Gewalt
Hiermit meine ich Suchtverhalten sowie andere Variationen autoaggressiven Verhaltens bis hin zur latenten oder manifesten Suizidgefährdung.

d) Strukturelle Gewalt
Dazu gehören alle Formen institutioneller Gewalt, die auf uns einwirken; z. B. auch die gesetzliche Benachteiligung von Menschen ohne deutschen Pass.

Diese unterschiedlichen Formen und Bereiche von Gewalt machen deutlich, dass Gewalt kein Randgruppenproblem in einer ansonsten friedfertigen Gesellschaft ist und dass sie ein vielschichtiges Problem darstellt.

Fünftens:
Ich werde versuchen, bei der Suche nach Gründen und Ursachen von Gewalttätigkeit zwei unterschiedliche Begründungslinien zu verfolgen: Den individuellen Strang sowie den gesellschaftlich-politischen Strang. Beide zusammen führen zum Täter. Nicht das ein-

zelne Individuum im gesellschaftsleeren Raum, aber auch nicht die Gesellschaft schlechthin sind Schuld an gewalttätigem Treiben. Beide Bereiche greifen ineinander wie Zahnräder, bedingen einander.

Bei der Analyse ist es allerdings sinnvoll, die Zahnräder zu trennen, um exakt betrachten zu können, wo genau die Ursachen liegen.

Gefragt wird: Welche individuelle psychische Disposition fördert - verbunden mit welchem gesellschaftspolitischen Umfeld - Gewaltbereitschaft und Gewalttätigkeit?

Die aktuelle Situation

Bevor die allgemeine Situation betrachtet wird, kann das Selbstverständnis von Gewalttätern erste Aufschlüsse geben.

Jens Weidner (vgl. auch »Übergreifende Ursachen«) bietet hierzu interessante Fakten: Während sich Opfer und potentielle Opfer von Gewalttätern und ihrem Treiben bedroht fühlen, sehen die Täter selbst dies völlig anders: »Ihr Leitgedanke ist: **Gewalt macht Spaß! Gewalttätigkeit beweist Mut! Gewalttätigkeit ist der Ausdruck eines leidenschaftlichen, spannenden, risikoorientierten, ›wunderbaren‹ Lebensstils.** (*Hervorhebung im Original, A.K.*) (...)

Gewalttäter beschreiben sich als durchsetzungsstark, dominant und selbst bewusst. Sie sind Menschenkenner, Alltagspsychologen, die Einschüchterung, Bedrohung, Angst machen, gezielt einsetzen können. (...) Sie fühlen sich zwischen Rambo und Versager, und das macht sie stimmungsabhängig und unberechenbar. (...)

Die Täter sind nicht mit dem Sieg zufrieden, sondern sie brauchen die totale Niederlage des Opfers. Erst das gibt ein Gefühl der Überlegenheit, Herr über Leben und Tod zu sein, erst das gleicht Minderwertigkeitsgefühle aus: ›Es ist ein bisschen wie Gott spielen, der Typ liegt bewusstlos vor dir und du kannst entscheiden, ob er je wieder aufsteht oder nicht.‹ Die Täter favorisieren die präventive Konfliktlösungsstrategie, wonach sie erst schlagen und dann nach Ursachen fragen. (...)

Die Täter sind Weltmeister im Gewaltrechtfertigen und Verharmlosen: Das Opfer hatte die Schuld, es war Pech oder ›ist einfach dumm gelaufen‹. Dies sind Neutralisierungstechniken, um Schuldgefühle zu vermeiden. Und wer Schuldgefühle ausschalten kann, wird seinen ›Spaß an der Gewalt‹ nicht verlieren. Den Tätern ist jeder intellektuelle Purzelbaum recht, der ihre Taten für sie ganz persönlich rechtfertigt: (...) Ein Fußball-Hooligan, der seine Opfer bewusstlos schlug, um sie danach mit einem Butterflymesser unter dem Auge zu ritzen, rechtfertigte dies als soziale Handlung: Das Ritzen habe den Vorteil, dass er jedes frühere Opfer (...) wieder erkennen würde und es dann nicht noch einmal zusammenschlagen würde. (...)

Die Lebenshypothese der Täter lautet: Gewalt macht stark und unangreifbar. Friedfertigkeit dagegen sei Feigheit und Schwäche. Kränkungen werden in diesem Zusammenhang als existentieller Angriff auf die Persönlichkeit gewertet. (...)

Das Verhältnis Täter - Opfer ist in einem dramatischen Sinne paradox: Für den Täter ist das Opfer tabu und nach kurzer Zeit vergessen bzw. verdrängt. Der Täter fühlt sich wohl und gibt mit seinen Gewalttaten an. Das Opfer kämpft mit seinen eigenen Schuldgefühlen, mit der Frage: Wie hätte ich es vermeiden können. Das Opfer leidet! Der Täter verharmlost und zeigt Selbstmitleid! Die Täterperspektive ist menschenverachtend.« (Aus: Weidner 1993, S. 247ff)

Für die Mehrzahl der gesamtdeutschen Jugendlichen ist wohl festzustellen, wie die Shell-Jugendstudie seit dem Jahre 1993 erstmals nach der Wiedervereinigung - und 2006 erneut - gezeigt hat, dass sie eher unpolitisch, brav - nahezu angepasst - und in vielerlei Hinsicht wenig engagiert sind. Bisweilen ist es eine kleine, randalierende Minderheit, die schlagend auf sich aufmerksam macht.

Bedenken wir den erheblichen Rückgang der Zahl von Jugendlichen sowohl in den politischen Parteien als auch in vielen traditionellen Sportvereinen, so wird deutlich, wie unattraktiv diese Einrichtungen für die jüngeren Jahrgänge geworden sind. Andererseits verweisen Organisationen wie »Greenpeace«, »Robin Wood« oder »attac« auf eine hohe Bereitschaft zum Aktivwerden bei Jugendlichen, was einerseits mit Glaubwürdigkeit, andererseits mit dem Prinzip »Nicht-nur-reden-sondern-auch-handeln« zu tun hat. Generell, so die Ergebnisse der Shell-Studie 2006, engagieren sich Jugendliche durchaus im sozialen Bereich, gerade im lokalen persönlichen Umfeld.

Es muss ein deutlicher Unterschied zwischen Ost- und Westjugendlichen gemacht werden. Diese Unterscheidung muss vor allen Dingen hinsichtlich der Alltagsbewältigung in den fünf neuen Ländern getroffen werden, denn die Bedingungen des Aufwachsens waren und sind zum Teil noch immer höchst unterschiedlich. Wer sich die dramatischen Folgen des demographischen Wandels (z.B. beim Schulsterben im Land Brandenburg) vergegenwärtigt, wird erkennen, dass das Risikopotential bei jenen jungen Menschen, die sich abgehängt und ohne sinnvolle Zukunftsperspektive fühlen, nicht unterschätzt werden darf. Die von mir gewagte Aussicht in der ersten und zweiten Auflage dieses Buches, dass wir vielleicht in zehn, zwanzig Jahren so weit sind, dass die Lebensverhältnisse sich einigermaßen angeglichen haben, erscheint mir heute sehr euphemistisch. Gerade die im Januar 2007 veröffentlichten Daten zur Zufriedenheit der Menschen im Osten Deutschland zeigen deutlich, wie weit wir von angeglichenen Verhältnissen entfernt sind. In der Frage der Gewalt bedarf es einer solch spezifischen Ost-West-Unterscheidung jedoch nicht.

Wie schon angedeutet sind es nicht allein jene eher spektakulären Gruppen- und Einzeltaten, die heute das Bild verdüstern, sondern es ist auch jene alltägliche kleine Gewalt, die schon schleichend sogar in die Grundschule Einzug gefunden hat.

Um kleine Gewalt handelt es sich z. B. schon bei geringfügigen Grenzverletzungen.

Stringent gezogene, dicke oder dünne Striche in der Mitte des Schultisches markieren Grenzen, Grenzen einer imaginären Privatzone. Diese Grenze aber ist ein absolutes Tabu. Wenn nun der Tischnachbar einfach die Grenze missachtet und nach dem Lineal auf der anderen Seite greift, führt dies nach Beobachtungen vieler Kolleginnen und Kollegen aus Grundschulen auch dazu, dass dieser als feindlich begriffene Akt mit »Faust auf Fresse« beantwortet wird.

Auch das Überschreiten von bisher geltenden Regeln bei ansonsten harmlosen Kabbeleien (ab Hals nach oben, ab Gürtellinie nach unten ist Schluss) gehört hierzu. Rangeleien, auch aggressive, zwischen Vorschulkindern endeten in der Vergangenheit meist damit, dass der Unterlegene mit dem Rücken auf dem Boden liegend demonstrativ gefragt wurde, ob er aufgebe. Wenn er mit ja antwortete, wurde er mit einem Knuff in die Seite und einigen Schmährufen entlassen. Heute sind Auseinandersetzungen zu beobachten, bei denen dem Verlierer noch mehrfach ins Gesicht geschlagen wird, quasi als symbolischer Akt der totalen Vernichtung (s. o. bei Weidner).

Obwohl Polizeiliche Kriminalstatistiken (PKS) in Deutschland eine geringer werdende Gesamtzahl von Kapitaldelikten (Gewaltverbrechen) aufzeigen, sind es gerade Jugendliche unter 21 Jahren, die z. B. in Berlin zirka 76 % (und dies bereits seit 1996) aller Raubtaten verüben.

Christian Pfeiffer vom Kriminologischen Forschungsinstitut Niedersachsen (KFN Hannover) berichtet in einem Interview, dass »Mord und Totschlag, Bankraub oder Wohnungseinbrüche in den vergangenen zehn Jahren um 40 bis 50 Prozent zurückgegangen« sind, »Autodiebstähle sogar um 75 Prozent. (...) Aber auch Raubdelikte unter Jugendlichen sind insgesamt gesehen rückläufig.« Und: »Aber die Menschen unterstellen trotzdem, dass diese Delikte um ein Drittel bis zur Hälfte zugenommen haben.« (Berliner Zeitung vom 11. Februar 2007, S. 20) Dies mag einerseits daran liegen, dass wir durch moderne elektronische Medien von mehr Taten erfahren als durch klassische Printmedien, andererseits hat es mit dem Phänomen der »Kriminalitätsangst« zu tun. Diese Ängste sind keineswegs eng mit der tatsächlichen Kriminalitätsquote verknüpft. Im Gegenteil: In Deutschland ist in Gebieten mit geringerer Kriminalitätsrate sehr häufig eine bei weitem überhöhte Angst vor potentiellen Straftaten vorzufinden. Dieser für Kriminologen nicht unbekannte Befund kann in einer im Februar 2007 veröffentlichten EU-Studie unter http://gis.geox.hu.crimemap/cs/keret.asp eingesehen und näher betrachtet werden. Eine solche Angst kann ferner Ausdruck einer unsicheren oder gar problematischen Zukunftserwartung sein. Für unser Thema ist interessant, dass diese Angst (vgl. Einführung) ein gemeinschaftliches Bewusstsein von Bedrohung erzeugen kann, obgleich die Bedrohung realiter nicht oder nicht in der befürchteten Stärke existiert.

Aber zurück zu den Raubtaten Jugendlicher: Raub ist immer Diebstahl, verbunden mit der Bedrohung des Opfers bis hin zur Tötung. Zudem muss beachtet werden, dass das Einstiegsalter in diese Gewaltkriminalität inzwischen rapide gesunken ist und bei zirka elf bis zwölf Jahren liegt.

Während hier also laut Polizeilicher Kriminalstatistik (PKS) zwei Trends, nämlich eine **Verjüngung** sowie eine **Brutalisierung** konstatiert werden (zur Problematik der PKS vgl. Exkurs: Zur Situation Jugendlicher mit Migrationshintergrund), sagen die Zahlen des Bundesverbands der Unfallkassen scheinbar das Gegenteil, zumindest aber etwas anderes aus.

Bei den Unfallkassen ist jeder zu beschulende Mensch wegen möglicher Unfälle auf dem Schulweg oder in der Schule selbst versichert. Jeder Schulunfall, der einen Arztbesuch zur Folge hat, muss hier gemeldet werden und wird von dieser Versicherung geregelt.

Nun hat der Bundesverband der Unfallkassen die gemeldeten Zahlen von 1982 bis 1991 und dann wiederum von 1993 bis 2003 ausgewertet und dabei besonders jene Vorfälle betrachtet, bei denen es aufgrund von Prügeleien zu Verletzungen der verschiedensten Art gekommen ist.

Das sind die Ergebnisse der Auswertungen:

1.) Durchschnittlich nur 0,5 % der versicherten SchülerInnen werden pro Jahr als Verletzte gemeldet. Dieser Wert ist in beiden Untersuchungszeiträumen vergleichbar.

2.) Jungen dominieren die Szene. Sie sind zu 70 % mehr als doppelt so häufig beteiligt wie Mädchen. Dennoch ist der Anteil der auffällig gewordenen Mädchen gestiegen. Auch hier unterscheiden sich die Ergebnisse beider untersuchten Dekaden nicht.

3.) An Hauptschulen wird am meisten ›aggressiv gerauft‹. Die HauptschülerInnen stellen einen Anteil von nur 14 % der Versicherten, aber auf ihr Konto gingen 40 % des ›aggressivitätsbedingten Unfallgeschehens‹. Hier ist der Mädchenanteil sogar um 64 % gestiegen. 2003 ist das Bild ähnlich, die Hauptschule ist weiter führend, ein weiteres Ansteigen von weiblicher Aggressivität mit Verletzungsfolgen wurde nicht konstatiert.

4.) In der Rangfolge liegen Hauptschulen vor Sonderschulen, Realschulen, Gymnasien und Grundschulen. Daran hat sich auch bis in die heutige Zeit nichts geändert

5.) Die zwölf- bis vierzehnjährigen Heranwachsenden sind die Protagonisten der gewalttätigen Auseinandersetzungen. Hier ist 2003 eine geringfügige Ausweitung feststellbar, es sind die elf- bis fünfzehnjährigen Kinder und Jugendlichen.

6.) Über 50 % der aggressivitätsbedingten Raufereien finden in der Pause statt (2003: 57,1 %), ein Viertel dieser Schlägereien allerdings im Sportunterricht (2003: 22,8 %).

7.) Waltet das Faust- und Trittrecht, so ist der Kopf zu 29 %(2003: 31,4 %) das Ziel, gefolgt von Hand (28 %) und Fuß (12 %). 2003 weichen die Prozentzahlen bezüglich der Verletzungsziele Hand und Fuß nicht signifikant ab.

Mit 33 % aller Verletzungen liegen Prellungen und Erschütterungen vorn (2003: 51,1 %), dahinter finden sich Quetschungen mit 26 % (2003: 4,5 % und somit die am geringsten auftretende Verletzungsart!) sowie Zerrungen und Verrenkungen mit insgesamt 18 % (2003: 17 %). Bei knapp einem Zehntel (9 %)aller Schlägereien gibt es Knochenbrüche (2003: 8,9 %), häufiger sind aber Zerreißungen mit 11 % (2003: 10,2 %).

(Alle Angaben zur Auswertung 1982–1991 aus: Frankfurter Rundschau, 14. Februar 1994, S. 4; zur Auswertung 1992 aus: Bundesverband der Unfallkassen, »Gewalt an Schulen«, München 2005, S. 9ff)

Gerade die letztgenannten Angaben zu Frakturen und Zerreißungen, also zu den Folgen der Raufereien, bringen den Bundesverband der Unfallkassen bereits 1994 zu dem Schluss, dass von einer generellen Brutalisierung der Raufereien in Schulen nicht gesprochen werden kann.

Dies bestätigt die zweite Untersuchung, deren Ergebnisse 2005 veröffentlicht wurden. Danach sind die langwierigen Verletzungen als Folge von aggressiven Auseinandersetzungen rückläufig (insbesondere die Quetschungen).

Darin liegt der - scheinbare - Widerspruch zur PKS, die von einer Brutalisierung ausgegangen ist.

Zwei Angaben stimmen aber überein: die Altersangaben sowie der Kopf als Ziel.

Vom Untersuchungszeitraum 1993–2003 werden Befunde gemeldet, die noch mehr verwundern: Trotz Erfurt und Emsdetten, trotz Rütli-Schule und anderer Horrormeldungen sind Gewalttaten an

Deutschlands Schulen seit 1993 rückläufig, nämlich um 27,01 %, an den viel geschmähten Hauptschulen sogar überdurchschnittlich, exakt um 32,51 %!

Um Klarheit in der Bewertung dieser Zahlen zu gewinnen, muss beachtet werden, dass einerseits die Polizei natürlich nicht nur im schulischen, sondern auch im häuslichen sowie im Freizeitbereich ermittelt hat. Außerdem sind ihre Angaben immer Zahlen über Beschuldigte, nicht über tatsächlich Verurteilte.

Andererseits werden den Unfallversicherungen bei weitem nicht alle Verletzungen, z. B. die kleineren, die mit einer Kühlung, einem Pflaster oder Trost behandelt werden, gemeldet. Es ergeht erst dann eine Meldung, wenn ein Arztbesuch unausweichlich geworden ist.

Bei aller Vorsicht, mit der Statistiken zu behandeln sind, lassen sich dennoch stabile Trends ablesen:

Zunächst muss konstatiert werden, dass eine Brutalisierung in den Auseinandersetzungen insofern festzustellen ist, als der Kopf ein häufiges Angriffsziel ist. Sodann scheint es Fakt zu sein, dass die Altersgruppe der Elf- bis Fünfzehnjährigen auch im strafrechtlichen Rahmen besonders auffällig ist.

Auch wenn es in den Grundschulen weniger Verletzte geben mag, so sagt dies nichts darüber aus, ob und, wenn ja, in welchem Maße gewalttätige Auseinandersetzungen zugenommen haben. Vielleicht hat die geringere Verletzungszahl etwas mit den noch nicht ganz ausgereiften Kräften zu tun, so dass hier eher jene Schädigungen anzutreffen sind, bei denen der psychische Schmerz den physischen überwiegt. Diese Verletzungen bleiben der gesetzliche Unfallversicherung verborgen.

Wenn wir uns die Rangfolge der verschiedenen Schultypen vor Augen führen, so verwundert es nicht, dass Gymnasien am Ende der Liste der Oberschulen stehen. Psychische Gewalt dominiert hier, körperliche Auseinandersetzung gilt als ›prolohaft‹, als typisch für die Unterschicht. Zudem wird die Rangfolge der Bewertung der Schulen durch die Bevölkerung im Schülerverhalten widergespiegelt.

Insgesamt kann insofern von einer Verjüngung und von einer Brutalisierung gesprochen werden, als bei der Tendenz zur Brutalisierung auch jene Rücksichtslosigkeiten (Schläge, die auf das Gesicht oder die

Geschlechtsorgane gezielt sind) und seelischen Kränkungen mitbedacht werden, die unterhalb der Verletzungsschwelle bleiben. Gerade das Mobbing und »Bullying« (nach Dan Olweus, 1997) ist vermehrt an Schulen zu beobachten, wie die Studie des Beobachtungszeitraums 1992–2003 und dies eben auch in der Primarstufe zeigt.

Es bleibt aber festzuhalten, dass Mädchen bzw. junge Frauen beim Faustrecht sich auf einem sehr merkwürdigen Weg der Emanzipation befinden, und dies, schenken wir den Beobachtungen vieler Unterrichtenden an deutschen Grundschulen Glauben, auch bereits schon in jüngeren Jahren. Die männlichen Täter bleiben bei weitem in der Überzahl; bisweilen haben Täterinnen sich dennoch einen Anteil von bis zu 30 % »erarbeitet«.

Anmerken möchte ich am Ende dieses Abschnittes, dass die Aussage des Autorenteams Schäfer/Korn (2001) auch heute noch Bestand hat, wonach es in Deutschland leider an einer Bundesländer übergreifenden und repräsentativen Studie mangelt; daraus resultiert das Fehlen von validen Daten. Wer also einen Überblick über die vielschichtige Situation gewinnen möchte, wird nicht umhin können, sich die Ergebnisse so vieler Einzelstudien anzusehen. Dabei muss er zudem die unterschiedlichen methodischen Zugänge beachten, zumindest dann, wenn er eine Bewertung der Situation versuchen will.

Einen Überblick, der unter den oben genannten Vorzeichen zusammengestellt wurde und der bis zum heutigen Tage nichts an Aktualität verloren hat, bieten Fuchs et al. (2001):

- »Die häufigste Form der Gewalt an Schulen ist die verbale Gewalt.
- Mit Ausnahme der verbalen Gewalt ist Gewalt von Schülern deutlich eine Domäne männlicher Schüler.
- Aggressive Auseinandersetzungen sind in der Altersgruppe der 13-16 Jährigen am häufigsten.
- Gewalt an Schulen nimmt tendenziell mit steigendem Bildungsniveau ab. Hauptschulen weisen besonders bei physischer Gewalt deutlich höhere Werte auf als Gymnasien.
- Häufige Gewaltanwendung geht von einem kleinen, gewaltaktiven Kern aus. Je gravierender die Gewalthandlungen wer-

den, desto größer wird auch der Anteil zunächst gewaltpassiver Schüler.

- Täter- und Opferstatus hängen relativ eng miteinander zusammen. Schüler, die überproportional häufig den Gewalthandlungen ihrer Mitschüler ausgesetzt sind, üben auch überproportional oft selbst Gewalt aus. Andererseits sind Täter mehrheitlich zugleich auch Opfer von Gewalt.
- Immer größere Beachtung für die Einschätzung der schulinternen Gewaltlage findet auch das Phänomen des »Bullying« oder Mobbing. Es handelt sich hier um spezifische Formen von Aggression, bei denen bestimmte, viktimisierte Schüler längerfristig negativen Handlungen von Mitschülern ausgesetzt sind.«

Ursachen

A. Übergreifende Ursachen

Die Ursachen für Gewaltanwendung sind ebenso wie die Erscheinungsformen vielfältig und komplex. Deshalb möchte ich versuchen, individuelle und gesellschaftspolitische Faktoren sowohl getrennt als auch in ihrer Verschränkung aufzuzeigen, damit einerseits der Blick klar auf die real vorhandenen Defizite gerichtet wird, andererseits aber die Verbindungen dieser beiden Begründungsstränge offenkundig werden.

Zunächst sollen einige übergreifende, allgemeine Ursachen aufzeigt, dann soll näher auf die »Hauptlebensbereiche« von Jugendlichen eingegangen werden, um hier differenziert Gewalt fördernde Strukturen aufzudecken.

Jörg Massing, Sozialpädagoge aus Essen, der seit Jahren erfolgreich im Jugendfreizeitbereich sowie im Erwachsenen-Fortbildungssektor im Sinne der Gewaltprävention tätig ist, hat einst die sinnvolle Aufteilung in Hauptlebensbereiche angeregt.

Natürlich reicht keine der im Folgenden aufgezeigten Ursachenerklärungen für sich allein genommen aus, um die derzeitig auftretenden Gewaltphänomene umfassend zu erklären. Weder eine monokausale, noch eine in verbitterte Konkurrenz verstrickte Sicht (Anfang der 90er Jahre gab es mehrere AutorInnen, die jeweils für sich in Anspruch nahmen, den einzig wahren Grund herausgefunden zu haben) wird dem Problem gerecht. Vielmehr müssen die angebotenen Erklärungsansätze als nebeneinander gültig, bisweilen sogar ergänzend betrachtet werden. Es muss also in jedem Einzelfall geprüft werden, welcher Ursachenkomplex den Taten zugrunde liegt.

Erstens:
Aus der Arbeit mit Intensiv- oder Wiederholungsgewalttätern (zumeist Inhaftierte) ist bekannt, dass diese zu nahezu 100 % in ihrer Entwicklungsgeschichte selbst Opfer und/oder Beobachter (indirekte Opfer) von Gewalt waren. Dieses Opferstadium begann oft bereits im frühen Kindesalter und bestand über lange Zeit hinweg fort. Der Umkehrschluss, alle Gewaltopfer würden Gewalttäter, ist indessen nicht zulässig. Die wenigsten begehen diesen Weg.

Der einst im Hamelner Jugendstrafvollzug tätige Pädagoge Dr. Jens Weidner entwickelte eine Methode, die in verfeinerter Form heute in vielen Städten und Gemeinden der Bundesrepublik Deutschland angeboten und häufig unter der Prämisse »Arbeit an sich selbst« von Jugendgerichten als Alternative zu einer Gefängnisstrafe vorgeschlagen wird. Ziel dieser Methode ist es, den jungen Gewalttätern mit einem Anti-Aggressivitäts-Training den Abschied vom Faustrecht schmackhaft zu machen. In einer ZDF-Sendung berichtete Weidner über sein Projekt und über drei Werdegänge, die er als typisch bezeichnet und die ich hier wiedergeben möchte.

Beispiel 1:
Da wird ein Junge über Jahre von seiner Mutter mit dem Bügeleisen »erzogen«. Immer wenn der Sohn schlechte Zensuren aus der Schule mit nach Hause bringt, schlägt sie ihn mit der Spitze des Bügeleisens in den Hinterkopf, bis er blutet. In der Schule wird dies nicht bemerkt, da das Deckhaar die verschorfte Wunde verdeckt. So wurde dieses Kind lange und wiederholt malträtiert, bevor es im Jugendalter selbst zuschlug.

Beispiel 2:
Ein anderer Junge musste mit seinem Großvater junge Katzen wie Dartpfeile gegen Mauern oder Hauswände werfen. Opa war das große Vorbild des Jungen und Opa wollte, dass der Enkel stark und durchsetzungsfähig wird. Eigentlich, so berichtete dann dieser Junge, mochte er Tiere, gerade Katzenkinder.

Beispiel 3:
Da muss ein weiterer Junge mit ansehen, wie seine Mutter über Jahre vom Vater geschlagen, also misshandelt, aber auch missbraucht wird. Er leidet mit, denn schließlich liebt er seine Mutter. Mit sieben oder acht Jahren schwört er sich, dass er, wenn er groß und kräftig sei, die Mutter und sich rächen werde. Mit zwölf, dreizehn Jahren ist er dann kräftig genug und schlägt auf seinen Vater ein, als dieser sich wieder an der Mutter vergreift. Was geht in diesem Jungen vor? Was lernt er? Zunächst einmal wird seine Mutter weniger geschlagen und er vielleicht überhaupt nicht mehr, denn Vater hat Angst. Da kann sich der Junge sagen: Ich bin Robin Hood, ich habe etwas sehr Gutes vollbracht! Und dann überträgt er diese Erfahrungen auf andere Bereiche, z.B. die Schule oder Lehre.

Wer die alljährlich wiederkehrenden (Horror-)Zahlen des Deutschen Kinderschutz-Bundes über familiäre Gewalt liest, den wird die Vorstellung erschrecken, welches Gewalt-Potential für die Zukunft da herangezogen wird.

Zweitens:
Berichtet wird in der psychologischen Fachliteratur von einem weiteren Phänomen, der so genannten **missratenen Triangulierung**.

Das hört sich kompliziert an, ist aber einfacher zu verstehen, wenn wir uns die ideale Beziehung zwischen Mutter, Vater und Kind in Form einer Triangel vorstellt. Unter missratener Triangulierung wird die psychische und emotionale Abwesenheit eines Elternteils, zumeist des Vaters, bei der Erziehung von Kleinkindern verstanden. Kommt es nicht zur Triangel, so sind die Kinder der Macht der einzigen Bezugsperson ohnmächtig ausgeliefert. Wenn also keine zweite Bezugsperson vorhanden ist, die dafür sorgt, dass die Macht der anderen, in der Regel der Mutter, nicht über Frustrationsaggression zur Gewalt gegen Kinder ausartet, dann kann sich in den abhängigen Kindern ohnmächtige Wut entwickeln und anstauen. Aber der Vater fehlt dann nicht nur als ausgleichende Macht, sondern - gerade bei Jungen - in der gesamten kindlichen Persönlichkeitsentwicklung, nämlich als Identifikationshilfe.

Damit es kein Missverständnis gibt: Das ist *kein* Angriff auf allein erziehende Mütter. Dass hier die Mutter als die Mächtige, scheinbar die Alleinschuldige, der Vater aber als der scheinbar Unschuldige dasteht, ist dessen Bequemlichkeit oder ähnlichen Gründen und einer gesellschaftlichen Realität geschuldet, bei der immer noch die Frauen die Hauptarbeit in der Erziehung auf allen Ebenen leisten!

Diese Situationsbeschreibung beinhaltet allenfalls die Kritik, dass sich Männer psychisch und emotional aus der Erziehung heraushalten und oft genug Frauen damit in den Rücken fallen. Gerade den Jungen fehlt dann die männliche Orientierungsfigur. Das meint im Gegensatz zum Volksmund nicht »die strenge Hand des Vaters«, sondern wirklich dessen ganze Persönlichkeit, also gerade auch seine zarten und sanften Seiten!

Dennoch darf nicht verschwiegen werden, dass es auch eine gewalttätige Erziehung von Frauen, also Müttern (oder Ersatz-Müttern) gibt. Wer wollte ernsthaft behaupten, dass, wenn Frauen doch hauptsächlich die Erziehungsarbeit leisten (müssen), dies nur in gewaltfreier Form geschieht – meine eigene Erinnerung lehrt mich da etwas anderes.

Drittens:

In reicheren Regionen (zumeist West-)Deutschlands stoßen wir bei der Suche nach Ursachen auf eine weitere Erscheinung, die in dieser Form erstmals in den achtziger Jahren auftrat, ja auftreten konnte: Die **Wohlstandsverwahrlosung**.

Ein Beispiel: Zu Beginn der 90er Jahre gab es im Westberliner Norden eine kriminelle Jugendbande, die dadurch auffiel, dass ihre Mitglieder nach dem eigentlichen Diebstahlsakt noch bis zu einer halben Stunde auf ihr Opfer brutal eindroschen. Selbst vor hochschwangeren Frauen sollen sie keinen Halt gemacht haben.

Opfer und Täter wurden getrennt befragt. Die Opfer erzählten, die Täter hätten sich wie in einem Rausch befunden, sie hätten »weggetreten« ausgesehen.

Konfrontiert mit dieser Aussage bestätigten Täter, sich in einem Rausch befunden zu haben, einem *Machtrausch*! Nach dessen Abklingen hätten sie sofort vom Opfer abgelassen (vgl. oben: »Die aktuelle Situation, S. 13).

Nach Beobachtungen der Opfer verloren die Täter nach einiger Zeit ihre »verklärten« Blicke und haben klar oder zum Teil entsetzt ihre Opfer »angeglotzt«, um dann schnell zu verschwinden.

Da stellt sich die Frage nach der Motivation der Täter. Denn alles, was wir aus der bisherigen Benachteiligungsforschung kennen, passte in diesem Fall nicht. Das waren keine Kinder aus zerrütteten Familien und sie lebten auch nicht in Armutsvierteln mit zahllosen Geschwistern in beengten Wohnungen. Nein, sie kamen in der Regel aus »besserem Hause«, ihre Eltern waren Ärzte, Professoren, Rechtsanwälte und Lehrer; die Eltern waren zumeist nicht geschieden, die traditionelle Rollenaufteilung - Vater verdient, Mutter bleibt daheim - war oft vorzufinden. Die Familien lebten in Ein- bis Zweifamilienhäusern, die Kinder hatten eigene Zimmer, einen Garten und manchmal sogar einen Swimmingpool. Also alles Bedingungen, bei denen viele Menschen oberflächlich zum (Trug-) Schluss kommen können, hier dürften, nein, müssten die Kinder prächtig gedeihen.

Auf der Suche nach Erklärungen wurden die Zimmer der Täter in Augenschein genommen: Es waren elektronische Paradiese, ausgestattet mit »Walkmännern«, Gameboys, Videorekorder, dem großen und kleinen Nintendo, dem Sega-Master- und Mega-Drive, weiteren Videospielen und -filmen, mit Computer samt zahlreichen Spielen und Programmen, Fernseher und der schon fast antiquiert wirkenden HiFi-Stereo-Anlage. Leicht vorstellbar, wie diese Zimmer im Jahre 2007 wohl ausgestattet sind...

Der Besitz und die Benutzung dieser Freizeitgestalter allein ist an sich unproblematisch; wir würden unseren SchülerInnen sogar elementare Berufschancen nehmen, bekämen sie keinen Computerunterricht. Aber die alleinige Freizeitgestaltung mit elektronischem Spielzeug, genau wie mit anderen Surrogaten, kann zu massiven Defiziten im Bereich der realen Erfahrungen innerhalb der eigenen sozialen Umwelt führen, wenn die Benutzung dieser Spielgeräte zum Erziehungs- oder Erfahrungsersatz wird. Wenn Kinder und Jugendliche emotional kalt- und abgestellt werden, anstatt dass sich Eltern und andere Erwachsene mit ihnen beschäftigten, wenn diese ihnen nicht wenigstens Anregungen geben; wenn also die Fiktion zur Realität wird und mangels tatsächlicher Erfahrung die eigentliche

Realität nicht mehr gemeistert werden kann, dann wird es bedrohlich.

Viertens:

Aufhorchen lässt auch die Beobachtung vieler Grundschullehrerinnen, die einen zunehmenden Narzissmus, also einen maßlos überzogenen Egoismus, unter den Kindern feststellen. Dafür gab es schon immer das populistische Erklärungsmuster, das ich als Verallgemeinerung für das schlechteste Argument halte: typisch Einzelkind.

Aber für den ehemaligen Westen gibt es einen neuen Erklärungsansatz, der erst in den letzten zehn bis zwanzig Jahren formuliert wurde:

Trotz oder wegen der Wiedervereinigung - je nach Sichtweise – und trotz mancher ökonomischer Krise ist die neue Bundesrepublik Deutschland immer noch unter den zehn reichsten Staaten dieser Erde zu finden.

Dieser Reichtum erreichte in den achtziger Jahren auch die privaten Haushalte. Dass von dieser Entwicklung etwa ein Drittel der Gesellschaft ausgeschlossen blieb, hat politische Ursachen, die gewollt waren und sind. Die Diskussion um die so genannte Neue Armut ist berechtigt; nach den Zahlen des Bundesamtes für Statistik in Wiesbaden soll sie im wiedervereinigten Deutschland mehr als 14 Millionen Menschen betreffen.

Während nun diese 14 Millionen Menschen an der Grenze des Existenzminimums leben müssen, erging es den anderen zwei Dritteln ungleich besser. Sie profitierten auch vom wirtschaftlichen Wohlergehen der alten Bundesrepublik ganz persönlich, das Familieneinkommen stieg. Kindern und Jugendlichen konnte fast jeder materielle Wunsch erfüllt werden. Damit wurde den Kindern eine wichtige Erfahrung versagt, nämlich die **Frustrationserfahrung**. Dies führt unmittelbar zum nächsten Ursachenkomplex, der klären soll, warum Frustrationserfahrungen so wichtig sind.

Fünftens:

Ein Begründungsstrang, der von konservativen oder gar reaktionären Diskutanten gern an erster Stelle vorgetragen wird und der darauf hinausläuft, gerade die stetig angewachsene rechtsextremistisch motivierte Gewalt zu (v)erklären, lautet: Schuld seien die so genannten »Alt-Achtundsechziger« und deren »antiautoritäre Erziehung«. Dies scheint plausibel und schnell nachvollziehbar, hält aber nicht einmal einer oberflächlichen Überprüfung stand! Und keiner hat jemals vorgerechnet, wie viele Alt-Achtundsechziger es überhaupt gibt, wie viele von ihnen Lehrer und Lehrerinnen geworden sind oder Kinder haben und wie viele Kinder tatsächlich antiautoritär erzogen wurden oder werden. Überdies trifft dieses »Argument« überhaupt nicht auf die neuen Bundesländer zu, in denen es keine Achtundsechziger gibt.

Dieses unsinnige »Argument« sagt also mehr über diejenigen aus, die es im Munde führen, als über die Realität. Vielmehr lässt sich der Eindruck nicht von der Hand weisen, dass von eigener Verantwortung abgelenkt werden soll.

Allerdings existiert ein Erziehungsstil, der ungerechterweise immer wieder mit antiautoritärer Erziehung gleichgesetzt wird: der laisser-faire-Stil. Dieser Stil ist zweifach dem Lustprinzip unterworfen: ich als Erwachsener erziehe nur, wenn **ich** dazu Lust verspüre, und wenn ich das Lustprinzip des Kindes/Jugendlichen nicht durchkreuze. Gerechtfertigt wird dieses permanente »Gewähren-lassen« mit der vermeintlich guten Absicht, dem Kinde Frustrationserfahrungen zu ersparen. Doch die gut gemeinte Absicht bewirkt zumeist das Gegenteil von gut! (Vgl. Schaubild »Erziehungsstile«, S. 139.)

Denn wenn ein Kind niemals lernt, Frustrationen zu erleben und mit ihnen adäquat umzugehen, kann es auch nicht die notwendige Frustrationstoleranz aufbauen. Mit Sicherheit wird aber jeder Mensch irgendwann Frustrationserfahrungen machen, und dann ist es gut, wenn ihm Mechanismen und Möglichkeiten zur Verfügung stünden, seine Frustrationen konstruktiv zu verarbeiten.

Nach wie vor ist es so, dass eine gewalttätige oder autoritäre (vgl. Kapitel »Die Familie«) Erziehung Kindern und Jugendlichen eine starke Motivation gibt, bei Konflikten, Ohnmachtserfahrungen und Unsicherheiten, selbst zum Mittel der Gewalt zu greifen.

Wenn auch die Untersuchung des Bundesverbandes der Unfallkassen (2003, s. o.) zu Recht zu dem Schluss kommt, dass »das Stereotyp der generell aggressiveren und delinquenteren ausländischen Jugendlichen (...) nicht bestätigt« werden kann (S.7), weisen die Untersuchungen des KFN Hannover ein bei Weitem differenziertes, in Teilen anderes Bild auf: Wirksame sozioökonomische und soziokulturelle Determinanten tragen mit dazu bei, dass junge Migranten häufiger an strafbaren Gewalttaten beteiligt waren als in Deutschland geborene und nicht eingebürgerte Jugendliche. So entfielen z.B. auf »100 türkische Jugendliche (...) pro Jahr nach eigenen Angaben fast dreimal so viele Gewalttaten wie auf gleichaltrige Deutsche. Bei den Jugendlichen aus dem ehemaligen Jugoslawien sind es etwa 2,5-mal so viel« (Pfeiffer/Wetzel, 2000, S. 14, genaue Betrachtung in: »Exkurs: Zur Situation Jugendlicher mit Migrationshintergrund«). Es ist interessanter, an dieser Stelle die Erziehungsstile der Eltern dieser Jugendlichen zu analysieren: Während die einheimischen deutschen Jugendlichen zu »nur« 5,4 % angaben, sie seien misshandelt (A), und zu »nur« 7,5 % berichteten, dass sie schwer gezüchtigt (B) wurden und werden, liegt die Quote bei den jungen Türken zu (A) bei 17,8 % (nicht eingebürgert) und bei 18,2 % (eingebürgert). Ähnlich die Quote zu (B): nicht eingebürgert 11,0 %, eingebürgert 12,4 %. Bei den Jugendlichen aus Ex-Jugoslawien lauten die Quoten zu (A) 11,3 % und zu (B) 10,6 % (ebd., S. 18).

Gerade bei den Jugendlichen mit türkischem Hintergrund fällt auf, dass die Einbürgerung allein keine Verbesserung der Situation im Elternhaus darstellt; insgesamt muss aber festgehalten werden, dass Kinder und Jugendliche aus Familien mit Migrationshintergrund einem erheblich größeren Gewaltpotential (zum Teil mehr als **dreimal** so hoch!) von Seiten ihrer Eltern ausgesetzt sind als gleichaltrige deutsche Kinder und Jugendliche.

Die Folgen einer solchen elterlichen Gewalt wurden in diesem Kapitel bereits aufgezeigt.

Sechstens:

Für das Gebiet der ehemaligen DDR sind einige besondere Ursachen von Gewalt von Bedeutung.

Ein für heranwachsende Kinder und Jugendliche wichtiges Moment wird mit dem Begriff **Individualisierungsaufprall** umschrieben. Damit werden zwei Prozesse benannt: die Individualisierung einerseits, die andererseits in Form eines Aufpralls stattfand.

So mussten DDR-Jugendliche, zugespitzt formuliert, nach der Nacht vom neunten zum zehnten November 1989 (Mauerfall) begreifen, dass alle ihre Alltagsbewältigungsstrategien, die sie zum Teil mühsam erlernt und praktiziert hatten, nun nicht mehr gültig waren.

Für sie wurde nicht mehr organisiert, geplant und durchgeführt, nun mussten sie sich, jede und jeder für sich allein, auf eigene Füße stellen (= Individualisierung). Sie mussten sich mit neuen Regeln des Lebens auseinandersetzen, diese möglichst sofort anwenden, ohne dass ihnen Zeit gelassen wurde, diese westlichen Verhaltensmuster Schritt für Schritt zu begreifen (=Aufprall).

Des Weiteren muss auf die verbreitete **Orientierungslosigkeit** unter vielen dieser Jugendlichen hingewiesen werden. Ihre Berufs- und Ausbildungsperspektiven sind weiterhin äußerst dürftig und so sehr angstbehaftet, dass für die Universitäten in den neuen Ländern prognostiziert wird, dass sie bereits in wenigen Jahren keine Studierenden haben, da die jungen Menschen auch im Jahre 2007 in Scharen aus dem Osten fliehen.

Aber auch die familiäre Situation leidet unter den Folgen der Wiedervereinigung, denn viele Eltern müssen die tief gehenden Erfahrungen eigener Arbeitslosigkeit, die in vielen Fällen auch schon sehr lange andauert, erst einmal verarbeiten.

Angebote zur Freizeitgestaltung wurden kommerzialisiert und sind damit nur noch selten oder nur für einige wenige wahrnehmbar. Der Lehrstellenmarkt weist nach wie vor mehr weiße Flecken auf, als dies im Westen der Fall ist (abgesehen von einigen »Kathedralen in der Wüste«, wie z. B. Leipzig, Dresden und neuerdings im Bereich des Tourismus im südlichen Spreewald).

Außerdem belastete die damaligen Jugendlichen eine besonders perverse Anforderung der Wiedervereinigung anscheinend stärker als Erwachsene: die geforderte, so genannte **»biographische Endlagerung«**.

Dieser Begriff bezeichnet jenen Vorgang, der den Ostdeutschen vorschrieb, alle Erfahrungen, die sie in den Zeiten der DDR sammelten, zu vergessen oder in Bausch und Bogen zu verdammen - wegen eines angenommenen und dominierten kollektiven Ideologieverdachts. Gerade bei Jugendlichen, die sich erst auf dem Weg befinden, ihre eigene Identität innerhalb der Erwachsenenwelt zu finden, führt diese zerstörerische Forderung, die eigene Geschichte verleugnen zu müssen, zu seelischen Verletzungen, Verkrümmungen oder gar Verstümmelungen.

Wie verhielt es sich denn tatsächlich mit der Wirkung der realsozialistischen Erziehung? Erinnern wir uns an den Sommer und Frühherbst des Jahres 1989. Eine Flüchtlingswelle nimmt ihren Weg aus der DDR über Botschaften und andere Gebäude in der damaligen CSSR, Ungarn und Österreich in die Bundesrepublik Deutschland. Gemeinsames Hauptmerkmal der meisten Flüchtlinge war ihr Alter zwischen 20 und 25 Jahren. Viele von ihnen fanden auch deshalb relativ schnell eine neue Arbeitsstelle, weil sie gut ausgebildete FacharbeiterInnen waren. Die Interviews, die damals geführt wurden, zeigten immer wieder deutlich, dass die Flüchtlinge von Politik nichts mehr hören wollten. DDR-BürgerInnen, die 1989 zirka 25 Jahre alt waren, haben in den achtziger Jahren die Erziehungsinstanzen der DDR durchlaufen. Wenn diese tatsächlich reine kommunistische Kaderschmieden gewesen wären, wie oft unterstellt, wie soll dann die ganz offenbar existierende Ideologieresistenz erklärt werden?

Die Erziehung zur »allseits entwickelten sozialistischen Persönlichkeit« war offensichtlich gescheitert; tatsächlich gab es für junge Menschen in der DDR sehr viel mehr als nur Politschulung, auch in den offiziellen Instanzen und Verbänden. Darauf verweist eine Untersuchung der Humboldt-Universität Berlin (Kühnel 1991, S.1333ff).

Kühnel hatte noch zu DDR-Zeiten erforscht, aber nicht publik machen dürfen, dass die Jugendlichen in der DDR der späten achtziger Jahre sehr wohl wussten, wie sie mit staatlichen Anforderungen umgehen konnten. Kühnel spricht von »doppelten Identitäten«. Die eine Identität entsprach den offiziellen Anforderungen, die andere suchte und füllte die Nischen, in denen Jugendliche persönliche Ansprüche verwirklichen können.

Siebtens:
Immer wieder wird zu Recht das Augenmerk auch darauf gelenkt, dass wir in einer **Risikogesellschaft** leben (erstmals nachzulesen bei:

U. Beck, 1986). Damit wird zum Beispiel die Tatsache auf den Begriff gebracht, dass wir permanent auf Kosten unserer Umwelt, also unserer Lebensgrundlagen, wirtschaften. Dazu gehört auch, dass wir die Verlierer des Wirtschaftssystems immer massiver und rücksichtsloser an den Rand unserer Gesellschaft drängen und dass in unserer Gesellschaft Gewalt immer wieder als eine Lösungsmöglichkeit von politischen Konflikten toleriert, zum Teil gefördert und sogar gefordert wird.

Sei es, dass die Bundeswehr wieder in aller Welt tätig ist, sei es, dass zur Abwehr oder gar Absetzung eines Despoten zwei internationale Kriege am Golf vom Zaune gebrochen werden, während im ehemaligen Jugoslawien zunächst untätig dem Töten und Morden zugeschaut wurde, um dann an vorderster Stelle wieder militärische Einsätze als effektives Gegenmittel zu empfehlen. Oder sei es, dass unliebsamen Demonstranten die Verwendung von Trillerpfeifen erschwert wird, indem sie stundenlang in einem Polizeikessel gefangen gehalten werden, in den sie zuvor äußerst unsanft befördert wurden. Leider mangelt es gerade den geistigen und politischen Eliten unseres Staates an friedfertigen Methoden der Streitschlichtung, des Konfliktmanagements. Ganz zu schweigen von dem Nicht-wahrhaben-wollen von sozialen Ungerechtigkeiten als entscheidender Ursachen für terroristische Bestrebungen: Der US-amerikanisch dominierte »Kampf gegen den Terrorismus« nach dem 11.9.2001 zeugt von einer monokausalen Einfältigkeit, wie sie exemplarischer kaum aufzuzeigen ist. Die Folgen sind zum Teil fatal: Wer möchte heute, im Jahre 2007, noch behaupten, dass es den Menschen im Irak besser ginge als zu Zeiten des verabscheuungswürdigen Diktators Saddam Hussein?

Da wundert es nicht, wenn jene jungen Menschen, die Opfer dieser Risikogesellschaft sind, also die sozial ausgegrenzten, wirtschaftlich abgehängten, perspektivisch eher chancenlosen Menschen, die zudem bereits in frühen Jahren persönliche Gewalterfahrungen in massiver Form erleiden mussten, bisweilen mit unglaublicher Brutalität in Erscheinung treten. Sei es beim internationalen Terrorismus oder bei Auseinandersetzungen im persönlichen Umfeld, z. B. bei Demonstrationen oder in der Schule (s. a. »Exkurs: Zur Situation Jugendlicher mit Migrationshintergrund«). Einige der zuletzt genannten Täter wollen augenscheinlich auf diesem Wege versuchen, ihren sozialen Status *in* der Gesellschaft zu erkämpfen bzw. zurückzugewinnen.

Achtens:
»Wenn nur die Straße bleibt ...«- so die entschuldigende Ausrede dafür, dass negative Folgen unausweichlich sind, wenn Möglichkeiten zur sinnvollen Selbstbeschäftigung eingeengt oder gar nicht vorhanden sind. Bei der bereits erwähnten Umfrage innerhalb der hiesigen Evangelischen Schulen antworteten über 80 Prozent der befragten SchülerInnen auf die Frage, was ihrer Meinung nach ein auslösendes Moment für Gewaltanwendung sei, immer wieder mit: Langeweile, Langeweile, Langeweile.

Erhellend die Antwort eines Schülers, der auf die Frage, warum er Gewalt anwende, obwohl er genau wisse, dass irgendwann - manchmal schneller, manchmal langsamer - für ihn negative Sanktionen folgten: »Es ist besser, etwas Negatives zu erleben, als gar nichts zu erleben!«

Dies bedeutet, auf einen kurzen Nenner gebracht: Gewalt hat für einige Jugendliche eine **positive Erlebnisqualität**.

Gerade bei der Befragung von so genannten S- oder U-Bahn-Surfern wurde die immense Bedeutung von Grenzerfahrungen, Abenteuern in einer technisierten Gesellschaft, also von prickelnden, als positiv empfundenen Erlebnissen deutlich. Hier geht es oft um hochintelligente Jugendliche, die genau wissen, was sie tun. Die selbst einschätzen, dass viele Fahrten mit schweren Verletzungen oder dem Tod enden. Trotzdem suchen sie diese Erlebnisse.

Die aussagekräftigste Entwicklung auf diesem Gebiet stellte wohl das »AIR-BAGGING« dar. Dabei wurden nur Fahrzeuge mit Airbag geklaut. Dann wurden mit hoher Geschwindigkeit Frontalzusammenstöße herbeigeführt. Gewonnen hatte derjenige, der am wenigsten verletzt dem Wrack entsteigen konnte.

Vergleichbare Verhaltensweisen gibt es auch bei Erwachsenen, die sich an Bungee-Seilen kopfüber in die Tiefe stürzen. Es soll sich dabei um die Simulation eines Herzinfarktes handeln. Trotzdem erfreut sich dieser Sport einer ungebrochenen Beliebtheit. Es könnten an dieser Stelle noch weitere so genannte Extrem-Sportarten genannt werden, die auch deshalb praktiziert werden, weil sie einen »Kick« garantieren(vgl. hierzu das Phänomen der »Angst-Lust« im Kapitel »Medien«.)

Neuntens:
Thea Bauriedl führt es uns in ihrem Buch (Bauriedl 1993) immer wieder vor Augen: Gewaltanwendung hat auch immer etwas mit den uns innewohnenden **Feindbildern** zu tun. In unseren Alltagsauseinande rsetzungen bedeutet der genervte Satz »Ich verstehe dich nicht«, zumeist: »Ich bin nicht auf deiner Seite«. Sich selbst auf der Seite der »Guten« wähnend muss jeder Mensch innerlich eine Front aufbauen, um ein potentielles Verständnis mit dem Gegenüber, dem »Feind« zu unterdrücken. Dies dient ebenso dem Selbstschutz wie das eigene Verständnis vom »Gut-Sein«, das häufig durch die Einordnung in das Lager der »Guten«, der »Opfer« und der »Schwachen« bestätigt wird. (Bauriedl, S. 16)

Folgerichtig dient ein *Sündenbock* lediglich dazu, eigene Schuldgefühle abzuwehren, um sich nicht mit sich selbst und der eigenen prekären Lage beschäftigen zu müssen. Die eigene Unsicherheit/Schuld wird in die angebliche Bösartigkeit anderer Menschen umgedichtet. (Bauriedl, S. 21)

Ein Beispiel aus der Politik: Wenn Muslime, die sich zu einem bestimmten Zeitpunkt in der Region Pakistan, Afghanistan etc. aufgehalten haben, in illegaler Weise nach Guantanamo auf Kuba verbracht und dort nahezu rechtlos und ohne jeglichen richterlichen Beschluss über Jahre hinweg inhaftiert und gefoltert werden, wenn diese Menschen in der Öffentlichkeit als »Terroristen« gebrandmarkt werden, ohne dass Beweise für diese Behauptungen vorgelegt werden, dann wird versucht, davon abzulenken, dass das eigentliche Verbrechen darin besteht, sie inhaftiert und gefoltert zu haben. Wenn nun die Differenzierung von »Gut« und »Böse« das *Grundprinzip eines jeden Feindbildes* ist, dann wird jedes Kind, das in einem Bezugssystem aufwächst, welches ihm »gute« und »böse« Menschen, »gute« und »böse« Eigenschaften, Verhaltensweisen, Wünsche, Gefühle usw. anbietet, dieses Bezugssystem zwangsläufig annehmen. Denn um die eigene psychische Identität zu sichern und zu festigen, bleibt Kindern gar nichts anderes übrig, als sich in dieser Verwirrung und Bedrohlichkeit der Bündnisstrukturen ebenfalls an Freund- und Feindbildern zu orientieren (Bauriedl, S. 25).

Die Spaltung in »gut« und »böse«, die Projektion des »Bösen« auf den vermeintlichen »Feind«, vermindert die eigenen diffusen Angst- und Ohnmachtgefühle. Die durch die Projektion vollzogene Entwertung des Mitmenschen zum »Feind« ist auch Voraussetzung dafür, dass wir einen Konflikt durch »Zuschlagen« oder durch »Weglaufen« bewältigen können (Bauriedl, S. 27). Wenn nun das Feindbild als Ausdruck einer bestimmten Beziehung (als Abwehr von Konfliktängsten) verstanden wird, dann handelt es sich bei der Auflösung von Feindbildern auch nicht um Aufklärung eines Irrtums (die Revision eines Vorurteils), sondern um die Veränderung einer *Beziehungsstruktur* (Bauriedl, S. 29). Bauriedl sieht einen Grund, warum die fremdenfeindliche Gewalt in den letzten Jahren rapide angestiegen ist, in unserem gemeinsamen, äußerst labilen *Nationalgefühl*, das zwischen Verteufelung und Glorifizierung, zwischen Scham, Schuld und überheblichem Stolz hin- und herschwankt (Bauriedl, S. 34). Der *Beifall für fremdenfeindliche Aktionen* und einige spektakuläre Wahlergebnisse der rechtsextremen Parteien lassen darauf schließen, dass ein Teil unserer Bevölkerung sich durch den Kampf gegen die Schwachen, Unsicheren und Fremden gegen das Schwache, Unsichere und Fremde in der eigenen Person und im eigenen Volk vertreten fühlt (Bauriedl, S. 41).

Wer sich selbst fremd ist, dem sind viele andere Menschen fremd. Er hat nicht den Wunsch, sie kennen zu lernen, er fürchtet sich vor dem Kontakt und versucht, die Fremden zu beseitigen. Wie in der eigenen Person, so muss für ihn auch im eigenen Volk »alles gleich« sein. Ein *Prozess des zunehmenden Erkennens der eigenen Person in ihrer Vielfalt* ist deshalb die beste Grundlage dafür, sich selbst im »Feind« wiederzuerkennen (Bauriedl, S. 50). Beim Zusammenleben mit Menschen verschiedener Herkunft geht es nicht nur um den Aufbau einer »multikulturellen Gesellschaft«, die wir teilweise längst haben, sondern auch um eine *Erweiterung der Variabilität* der akzeptierten Meinungen und Lebensauffassungen in unserem eigenen Volk (Bauriedl, S. 50).

Zehntens:
Es sei noch einmal ausdrücklich darauf hingewiesen, dass es sich bei gewalttätigen Menschen immer noch zumeist um **Täter** handelt, obwohl auch diese männliche Domäne »untergraben« wird. Waren laut Bundesverband der Unfallkassen 70 % derer, die sich in der Schule an Raufereien beteiligten, Jungen und 30 % Mädchen, so sinkt der weibliche Anteil bei den verurteilten Gewalttätern auf weit unter 5 %.

Die Frage, warum es gerade Jungen und junge Männer sind, die zuschlagen, lässt sich nicht abschließend beantworten. Dennoch seien einige Ansatzpunkte dargestellt.

Laut Neutzling/Schnack (1993) haben Jungen ein durchgehendes Problem: Sie dürfen keine Probleme haben (S. 7).

Die Mütter spielen insofern eine Rolle, als sie für die Jungen, die auf dem Wege der Selbstfindung sind, viel größer und mächtiger erscheinen als die eigenen Geschlechtsgenossen. Um sich dagegen zu wehren, greift der Junge auf ihm angebotene patriarchalische Rollenangebote unserer Gesellschaft zurück, er kämpft in der Figur eines ›Polizisten, eines Soldaten oder Cowboys‹ (S. 17).

Wer will, kann in diesen frühkindlichen Identifikationsproblemen eine ganze Reihe männlicher Befindlichkeiten wiederfinden bzw. aus ihnen herleiten: ›Härte, Bindungsunfähigkeit, Gewalt, Frauenverachtung, überhaupt die Abwertung alles Weiblichen‹ (S. 19).

Aber die Väter spielen eine ebenso wichtige, wenn nicht sogar wichtigere Rolle, geht es doch darum, den Söhnen ein Vorbild an Männlichkeit zu sein. Die Tatsache, dass die Väter im familiären Rahmen häufig nur eine randständige Position einnehmen und dies oft genug selbst so wollen, ist für Jungen besonders unglücklich, weil diese sich mit ihren Vätern identifizieren wollen, um ihr eigenes Geschlecht zu finden. Je weniger männliche Kontur sie erleben können, umso wichtiger wird ›der kleine Unterschied‹ (S. 31). Dazu kommt, dass es einem Vater nur schwer gelingen wird, seinem Sohn beim Abendessen Einfühlung und Rücksicht begreiflich zu machen, wenn er es tagsüber gewohnt ist, mit den Ellenbogen zu empfinden (S. 34).

Ähnlich sieht das auch Uli Bold (2001), wenn er bemerkt, dass »diese Alltagserfahrungen und -beobachtungen (...) einen großen

Einfluss auf das Verhalten der heranwachsenden Jungen« haben. »Jungen beobachten eine nach außen gerichtete männliche Stärke, nehmen selten wahr, dass Männer kommunizieren können, und versuchen ihr eigenes Verhalten darauf abzustellen« (S. 7). Das Problem männlicher Gewalt entsteht demnach auch dadurch, dass in unserer Gesellschaft ein Männlichkeitsbild vor*herr*scht und praktiziert wird, das von der Überlegenheit des Männlichen ausgeht. Der Mythos der männlichen Überlegenheit führt dazu, dass Jungen alle Erfahrungen verdrängen und umwerten müssen, die sie an ihrer grundsätzlichen Überlegenheit zweifeln lassen. Wenn nämlich ein Sieg ein Kriterium für Männlichkeit ist, dann zeigt eine persönliche Niederlage die eigene Unmännlichkeit (Neutzling/ Schnack, S. 37). Folgerichtig muss der Mann kämpfen, sonst bricht er in sich zusammen (S. 58). Deshalb verbringen Männer auch einen großen Teil ihrer Zeit damit, Schwäche wegzuinszenieren, indem Niederlagen unerwähnt bleiben oder mit scheinbar objektiven, dem betreffenden Mann nicht zuzuordnenden Gründen erklärt werden (S. 86).

Steve Jones (2000) ergänzt, dass »nur 26 % aller befragten Jungen ihren Vater als Vorbild benennen. Lediglich 2 % (...) würden sich mit ihren Sorgen und Nöten an den eigenen Vater wenden. (...) 49 % (...) der Jungen sind von ihrem Vater nie geküsst worden. Lediglich 5 % der Jungen nehmen ihren Vater bei der Begrüßung in den Arm oder küssen ihn. Die Väter werden von den Jungen als starke Menschen empfunden. Nur 45 % haben ihre Väter (...) weinen sehen« (S.17).

Gisela Preuschoff (2004) verweist auf eine biologische Erklärung, warum Jungen mehr an körperlichen Auseinandersetzungen beteiligt sind als Mädchen, wenn sie anführt, dass »im Alter von vier Jahren« sich »die Testosteronproduktion wieder« verdoppelt, »weshalb sich viele Jungen in diesem Alter zu ›wilden Kerlen’ entwickeln (...) und handfeste körperliche Aktivitäten schätzen.« Mit fünf Jahren reduziere sich diese Hormonmenge dann wieder um die Hälfte, »bis er dann in der Pubertät wieder um 800 % steigt!« (S. 17).

Christian Pfeiffer erklärt das männliche Verhalten mit seiner langjährigen Beobachtung, dass Jungen und junge Männer in weit größeren Maße als Mädchen und jungen Frauen bereit sind, Risiken einzugehen (Berliner Zeitung, 11. Februar 2007, S. 20).

Dies mag vielleicht an einem hohen Hormonspiegel liegen, aber G. Preuschoff schränkt ihre eigene Aussage zu Recht ein, »es sind nicht allein Hormone (...) die den Mann zum Mann machen!« (Preuschoff 2004, S. 17f)

Die Rolle, die Stellung und die Bedeutung von Freunden ist durch zahlreiche Widersprüche gekennzeichnet, denn die wirklichen Helden sind nichts ohne Freunde (S. 167), allerdings existiert die (Ideal-) Figur, an der sich alle Beteiligten (einer Jungenclique) orientieren, als einzige im wirklichen Leben nicht (S. 171). Die scheinbare, äußerliche Härte der Bande findet in ihrer Binnenstruktur keine Entsprechung, denn in jeder ›harten Bande‹ gibt es ›zarte Bande‹, mit denen Jungen sich umgarnen (S. 177). Jeder Junge, der nicht alle männlichen Klischees erfüllt, gerät in den Verdacht schwul zu sein (S. 215). Hinter all dem, so Neutzling/Schnack, steckt ein mächtiges Verlangen nach schützender männlicher Nähe (S. 216).

Doch oft wird mit männlicher Körperlichkeit das Bild des Muskel bepackten Mannes assoziiert. Wenn es dann bei der realen oder aber auch bei der selbst inszenierten Mister-Universum-Wahl darum geht, Muskeln zu zeigen, »anmutig« zu sein und dennoch einiges einstekken zu können, werden die Noten für Männlichkeit verteilt (S. 187). Körperlichkeit heißt auch, der Gefahr ins Auge zu sehen und trotzdem wieder heil aus ihr herauszukommen. Narben sagen: Dein Körper ist unverwüstlich (S. 189).

In der gesamten Widersprüchlichkeit von gesellschaftlichem Männerbild und gesellschaftlicher Männerrealität spielt Alkohol eine zentrale Rolle. Besonders männlich und Identität stiftend ist es, große Mengen von Alkohol zu vertragen, also saufen zu können wie ein Loch und dennoch zu stehen wie eine Eins (S. 224). Was Männer im nüchternen Zustand in sich hineinfressen oder sich nicht trauen, findet dann einen Weg nach draußen. Der Alkoholrausch ist wohl der einzige in der Männerwelt akzeptierte Zustand, in dem die Betreffenden Anlehnungs- und Schutzbedürfnisse ausdrücken können, ohne das Gesicht zu verlieren (S. 225).

Zum einen soll der Alkohol die Befriedigung sowohl oraler, sexueller und sozialer als auch aggressiver und autoaggressiver Bedürfnisse unterstützen. Angst und Depressionen sollen abgewehrt und Minderwertigkeitsprobleme ausgeglichen werden. Alkoholkranke Väter verhalten sich in ihrer Familie nicht selten wie ein zusätzliches Kind der Ehefrau. Gleichzeitig versuchen sie, mit Hilfe des Alkohols den Widerspruch zwischen regressiven Wünschen und den männlichen Rollenanforderungen zu vernebeln (S. 227).

Eben dieser Konflikt zeigt deutlich, dass die wenigsten Männer mit sich und dem ›Kind im Manne‹ versöhnt sind. Ihre Anstrengungen als Erwachsene zielen darauf ab, ein ›richtiger‹ Mann zu sein, wo der Junge irgendwie ›falsch‹ war. Die Vergegenwärtigung dieses Jungen birgt stets die Gefahr, an eine Niederlage, an Ausgeliefertsein, an eine Tracht Prügel oder andere Demütigungen, an enttäuschte Lieben, verlorene Freunde, Einsamkeit und vor allem an eine enorme, ohnmächtige Wut erinnert zu werden. Das ›Kind‹ im Manne hat große Schwierigkeiten mit seiner Männlichkeit (S. 257).

Männer strampeln wie wild, schlagen blind um sich, wehren sich, demütigen, verzweifeln selbst und drehen doch die Schraube immer weiter. Die Angst zu versagen und als unmännlich verurteilt zu werden, treibt Jungen und Männer zu den aberwitzigsten Handlungen, die allesamt nur eines versichern sollen: Ich bin richtig, ich bin ein Junge, ich bin ein Mann (S. 259).

Das Verhalten männlicher Jugendlicher wirkt auch wie ein Spiegelbild: Solange die Gesellschaft die Lebensräume und -perspektiven von Kindern, Jugendlichen und ihren Eltern zerstört, sie gleichgültig den zunehmend brutaler werdenden Medien aussetzt und das Alltagsleben immer mehr verrohen lässt, solange wird sie auch an gewalttätigen Jungen ablesen können, wie es um sie selber steht (S.265). (Alle in diesem Abschnitt zu findenden Seitenzahlen beziehen sich auf Adaptionen aus Neutzling/Schnack, 1993.)

Solche Täter wenden Gewalt auch an, um - vermeintliche - Macht zu demonstrieren, tatsächlich geht es aber darum, **Ohnmacht zu kompensieren**. Die häufig anzutreffende tief gehende Verunsicherung, die psychische Labilität vieler Täter weist auf diesen Zusammenhang hin.

Elftens:

Wenn auf der individual-psychologischen Ebene ein Hauptfaktor auszumachen ist, so ist er mit dem Begriff des **Negativen Selbstkonzeptes** trefflich beschrieben.

Dieser Begriff bezeichnet eine psychische Disposition, die dadurch entsteht, dass einem Menschen vom Kleinkindalter an signalisiert wurde: Du bist egal, du bist nicht wichtig oder gar, du bist nichts wert, du bist negativ. Ein solcher Mensch kann kein positives Bild von sich aufbauen. Nimmt er aber sich selbst als wertlos wahr, so wird es ihm schwer fallen, andere Menschen als etwas Wertvolles, Positives anzunehmen. Wenn ich mein Gegenüber aber nicht als positiv, wertvoll und somit schützenswert ansehe, dann ist die erste große Barriere eingerissen, die mich daran hindert, jemandem Gewalt zuzufügen.

B. Aggression fördernde Ursachen in den Hauptlebensbereichen von Jugendlichen

Aggressionen - Gewalt

Da in diesem Abschnitt viel die Rede von Aggressionen und Gewalt sein wird, scheint es nützlich und notwendig, hier eine Begriffsklärung vorauszuschicken.

Gewalt kann zwar die Folge einer Aggression oder deren Ausdruck sein, ist aber nicht einfach mit ihr gleichzusetzen.

Aggressionen sind Reaktionen z. B. meiner Psyche auf Verletzungen, Beleidigungen und Angriffe. Aggressivität wird bei Bauriedl als innerer Zustand eines Menschen verstanden, als Reaktion auf eine bestimmte Situation, in welcher der Betreffende sich unsicher fühlt. »Natürlich daran ist, dass wir Menschen im Zustand der Verunsicherung eine Reaktionsmöglichkeit haben, die unser psychisches Gleichgewicht wieder herstellt und uns befähigt, uns - notfalls angreifend - zu verteidigen: wir werden ‹aggressiv'« (Bauriedl, S. 21).

In diesem Sinne sollte »Aggression als Hilferuf verstanden werden.« Bleiben die Hilferufe ungehört, gibt es keine Möglichkeit, die eigenen Aggressionen konstruktiv auszutragen, dann können sie in Form von »unsozialem, destruktivem Verhalten« auftreten, letztlich als

»Ausdruck (eigener) geringer Selbstachtung und tiefer Verunsicherung: Manifestiert sich Aggressivität derart, dass Menschen Ziel gerichtet physisch oder psychisch geschädigt werden, wird von Gewalt gesprochen.« (Preuschoff/Preuschoff, 1992, S. 28)

Es gibt bei weitem noch mehr Theorien bzw. Erklärungsansätze, die die Herkunft von Aggressionen zu erklären versuchen. Mir ist es wichtig, einerseits auf die Natürlichkeit des Ursprungs und des Verteidigungsreflexes hinzuweisen, um andererseits die verbreitete, aber falsche Gleichsetzung von Aggression und Gewalt aufzubrechen.

Preuschoff/Preuschoff stellen ein weiteres einleuchtendes Beispiel vor, wie sich aggressive Handgreiflichkeiten als Folgen einer Frustration gegen andere richten, die nicht Auslöser der Frustration sind: Da gibt eine Mutter ihrer kleinen Tochter ein wenig Geld, damit sie sich im nahe gelegenen Geschäft ein Eis kaufen kann. Die kleine Tochter kommt völlig frustriert zurück und schlägt blindwütig auf die Mutter ein. Der Laden war geschlossen.

Ein weiteres Beispiel, welches den schwierigen Umgang mit Aggressionen und Aggressivität verdeutlichen soll, möchte ich aus der eigenen Praxis berichten: Ich werde von einem Kollegen gebeten, mich mit ihm und dem Schulpsychologen über einen verhaltensauffälligen Jungen seiner Klasse zu unterhalten, da ich ja der »Gewaltexperte« sei. Im Gespräch mit dem Psychologen bezeichnete der Kollege seinen Schüler als einen aggressiven Menschen. Der Schüler solle deshalb psychologisch betreut werden, damit er seine Aggressionen, so der besorgte Kollege, besser im Zaume halten könne. Aber sein auffälliges Verhalten (Jähzorn, blinde Wut) war kein Ausdruck hemmungslos ausgetragener Aggressivität, vielmehr kam dieser junge Mensch mit seinen Aggressionen nicht zu Rande. Er wusste nicht, wie er mit den eigenen Frustrationen und Aggressionen konstruktiv umgehen sollte. Aggressiv-gehemmt war der Schüler, nicht aggressiv!

Die Familie

Zunächst zu den individuellen Faktoren: Hier muss gefragt werden, ob David Mark Mantell mit seiner Aussage Recht hat, wonach *die Familie der Hort der Gewalt* sei. Schon 1972 sorge er damit für einen großen Aufschrei. Diese Aussage war aber so generell, dass sie in dieser Form garantiert falsch ist. Sicher aber sind zwei Dinge: Erstens wird es in unserer Gesellschaft immer einen gewissen Bodensatz an gewalttätigen Familien geben. Zweitens lernen Kleinkinder hier zum ersten Mal Gewalt bewusst kennen, sei es, dass sie tatsächlich misshandelt werden, sei es durch Beobachtung von Schlägereien zwischen den Eltern oder sei es durch die eigene Auseinandersetzung mit Geschwistern. Gerade in Letzterem liegen Chancen und Risiken zugleich, denn handgreifliche Auseinandersetzung mit Gleichaltrigen oder Geschwistern wird es immer geben. Die Kinder lernen, dass Gewalt auf Dauer keinen noch so schwierigen oder schmerzhaften Konflikt tatsächlich lösen kann, sondern vielmehr den Konflikt auf eine andere Ebene verlagert und somit verdeckt. In diesem Lernprozess aber liegt die Chance.

In einer gemeinsam herausgegebenen Broschüre der Bundesministerien für Justiz und des Ministeriums für Familie, Senioren, Frauen und Jugend wird im Jahr 2003 festgestellt, dass ca. 17 % der bundesdeutschen Eltern ihre Kinder »insbesondere mit schweren Körperstrafen (wie Tracht Prügel, kräftig den Po versohlen)« generell häufig bestrafen (Seite 7f). Dies korreliert mit der im Herbst 2006 veröffentlichten Unicef-Studie »Gewalt gegen Kinder«, in der festgestellt wird, dass »in Deutschland und England (...) im Schnitt zwei misshandelte Minderjährige pro Woche (sterben)... Insgesamt kommen jedes Jahr 50.000 Jungen und Mädchen durch die Folgen von Gewalt um, 3.500 davon in Industriestaaten.« (zit. nach Berliner Zeitung 4./5.11.2006, S. 8)

Aber auch autoritäre Strukturen, die in Äußerungen zum Ausdruck kommen wie: »Solange Du deine Füße unter meinen Tisch streckst, hast du hier nichts zu melden«, können Gewaltbereitschaft nachhaltig fördern. Dann wird nicht lange »gefackelt«, die unliebsame Äußerung wird entweder durch Verbot oder durch Zuschlagen schnell, einfach und effizient unterbunden. Schlage ich hierbei tatsächlich zu, liegt der

Beweis des Erfolgs meiner Methode nicht nur auf der Hand, sondern auch mit Schmerzen am Boden. Dieses Problem habe ich kurz und bündig »gelöst«.

Für solche Täter ist Gewalt nicht die letztmögliche Gegenwehr gegen reale oder vermeintliche Bedrohungen, für diese Täter ist es äußerst sinnvoll, Gewalt anzuwenden, um ohne Umwege schnell und sicher zu ihrem Ziel zu gelangen. Sie sehen oft keine andere Methode oder Möglichkeit, mit der sie auf Konfliktsituationen, die sie als geballten Stress empfinden, adäquat zu reagieren. Die Universität Trier hat die Ergebnisse einer von ihr durchgeführten Langzeitstudie veröffentlicht (vgl. Frankfurter Rundschau, 22.5.1993), die auf der Beobachtung und Befragung von Gewalttätern über fünf Jahre hinweg beruht. Die Ergebnisse zeigten deutlich, dass eben nicht die antiautoritär erzogenen Kinder zuschlugen, sondern jene, die unter autoritären Erziehungsstrukturen aufwuchsen.

Auf der gesellschaftspolitischen Seite sind zunehmend mehr Verunsicherungen feststellbar: Arbeitslosigkeit, schlechte Wohnraumsituation in Städten, mangelnde Zukunftsperspektiven für die Kinder hinterlassen ihre Spuren in der kleinsten sozialen Gemeinschaft unserer Gesellschaft, der Familie.

So stieg die Anzahl der Familien, die zur Sicherung eines durchschnittlichen Lebensstandards zwei Erwerbstätige brauchen (mit der Folge, dass es mehr so genannte »Schlüsselkinder« gibt), stetig an. Und auch die Anzahl der allein erziehenden Mütter und Väter, während die öffentlich angebotenen Betreuungsplätze hinter der Nachfrage deutlich zurückbleiben. Zurzeit wird politisch um eine Erweiterung der Krippenplätze für die unter Dreijährigen gerungen. Die ideologischen Vorbehalte im ehemaligen Westen haben sich abgeschwächt. Der Sinneswandel in konservativen Kreisen mag wohl auch darin begründet sein, dass im Frühjahr 2007 die Mehrzahl der bundesdeutschen Menschen in einer außerfamiliären Betreuung von Kleinkindern deutlich mehr positive, denn negative Effekte für die Kinder sehen und erwarten.

In der letzten Dekade ist die Anzahl der Kinder, die aufgrund der Armut der Eltern - zumeist allein erziehende, nicht erwerbstätige Mütter, die oft vergeblich auf Zahlungen der Väter warten, oder kinderreiche Familien - unter den Bedingungen der Sozialhilfe bzw. unter Hartz IV leben müssen, kontinuierlich gestiegen.

Andererseits hat es in der bundesrepublikanischen Gesellschaft seit den achtziger Jahre neben einer **Kommerzialisierung** vor allem einen Trend zur **Individualisierung** gegeben (in Anlehnung an U. Beck, 1986).

Unter den Begriff *Individualisierung* werden alle jene Entwicklungen subsumiert, die dazu führten, dass sich die einzelnen Individuen von gemeinschaftlichen Bindungen lösten und nur mehr auf sich selbst besannen. Die negativen Auswirkungen dieses Prozesses werden mit dem Stichwort *Entsolidarisierung* oder *Bedeutungsverlust sozialer Milieus* benannt.

Diese *Individualisierung* führt auf der familiären Seite auch dazu, dass Väter und Mütter nicht in der Rolle der Eltern aufgehen, sondern dass sie ihre persönlichen Interessen nicht vernachlässigen. Dies ist einerseits wichtig, schließlich sind die eigenen Kinder irgendwann einmal groß und verschwinden aus dem Alltagsleben der Eltern, andererseits hat es aber extreme Entwicklungen gegeben. Ein im Berliner Norden tätiger Sozialarbeiter hat dafür einst den Namen der »Intercityfamilie« geprägt. Was ist das, eine IC-Familie?

Ein ausgedachtes, aber vielleicht gar nicht so abwegiges Beispiel:

Der Vater holt nach der Arbeit die Tochter zum Schwimmen ab, fährt selbst zum Krafttraining, trifft anschließend die Mutter, die den Sohn vom Ballett mitbrachte, an den Vater übergibt, der ihn dann zum Tanzkurs bringt, während er selbst Canasta spielen geht und Mutter zum Polo verabschiedet, die auf dem Weg dorthin die Tochter beim Rugbyverein abgibt usw.; und abends gegen halb zehn trifft sich alles zum gemeinsamen Gute-Nacht-Kuss in der Wohnung - und das war es!

Wenn also die Familienwohnung lediglich als Durchgangs- und Umsteigebahnhof der individuellen Interessen der einzelnen Familienmitglieder fungiert, dann fehlt den Kindern und Jugendlichen etwas äußerst wichtiges: gemeinsam verbrachte **Zeit**.

Diese Zeit wird aber dringend gebraucht, nämlich für den kommunikativen Austausch. Im Gespräch erziehen wir ja auch, wir erfahren etwas von den Heranwachsenden, diese erfahren von uns, was wir

Erwachsenen denken, wollen, fühlen, wie wir handeln etc. Erziehung ist mehr als ein permanenter, bewusster Prozess aneinander gereihter Maßnahmen.

Durch den kommunikativen Austausch in der Familie können die Kinder und Jugendlichen die für ihre psychische Entwicklung so notwendigen Prinzipien, wie z. B. Kritikfähigkeit, Frustrationstoleranz und Akzeptanz von anderen Lebensentwürfen erleben und erlernen.

Wenn der gegenseitige Austausch über die zu meisternden Probleme des Alltags fehlt, kann dies zur Folge haben, dass Kinder und Jugendliche sich völlig verschließen und zu Einzelgängern werden, die auf dem Schulhof abseits in einer geschützten Ecke stehen und auf gar keinen Fall angesprochen werden möchten. Es kann aber auch dazu führen, dass die unbewältigten Frustrationen sich anstauen und letztlich zu gewaltsamem Verhalten führen. Wenn nämlich Frustrationen und Aggressionen nie ihren Weg nach außen finden, wird irgendwann einmal der Deckel dieses menschlichen Dampfdrucktopfes weggeschleudert. Dann ist Gewalt als Signal zu verstehen, um auf die eigene vertrackte psychische Lage nachhaltig aufmerksam zu machen.

Wenn nun Kinder und Jugendliche in einer Familie leben, in der Gewalt von den Erwachsenen als Mittel der Erziehung kontinuierlich eingesetzt wird (vgl. z. B. »Ursachen, Fünftens«), in der der kommunikative Austausch lediglich rudimentär vollzogen und zudem auf Bildung wenig bis gar keinen Wert gelegt wird, dann werden diese Kinder und Jugendlichen vermutlich nur geringe Chancen haben, in dem auf Leistung orientierten »System Schule« zurechtzukommen. Aus der persönlichen Erfahrung werden sie möglicherweise die Anwendung von Gewalt als ein erlaubtes, wirksames Mittel der eigenen *Interessen*vertretung ansehen.

Die Schule

Es trifft wohl kaum zu, der Schule »strukturelle Gewalt« in dem Sinne zu unterstellen, dass sie von vornherein so konzipiert sei, gewaltförmig auf die Destruktion der SchülerInnen hin zu wirken. Schulen aber, die nur noch reine Verwahrstätten für die SchülerInnen sind, kommen dem Tatbestand der strukturellen Gewalt gefährlich nahe; Schulen, von denen gar nicht erwartet wird, dass sie ihre Schutzbefohlenen qualifizieren, betreuen und beraten. Schulen, die ihre SchülerInnen bis zum Ableisten der Schulpflicht beaufsichtigen, ja verwahren sollen, scheitern an ihrem Erziehungsauftrag und versagen so ihrer Klientel jegliche Zukunftsorientierung und -chancen. Abgesehen davon - so die o. g. Unicef-Studie »Gewalt gegen Kinder« - ist »in lediglich 102 von über 200 Staaten« die Prügelstrafe verboten!

Zum Thema strukturelle Gewalt gehört jener Bereich des von den Verantwortlichen zur Verfügung gestellten Bedingungsrahmen des Systems Schule; z. B. Faktoren wie Größe der Schulen, Ausstattung, Fächerkanon, Berechnungsschlüssel Lehrpersonen- Lernende, Klassenstärke etc.

In den Bereich der strukturellen Gewalt gehört z. B. auch die Sensation heischende Berichterstattung über die Rütli-Oberschule in Berlin-Neukölln, die mittlerweile die bekannteste Schule in Deutschland ist, - aber auch die Situation an der Schule selbst. Durch die Art der Berichterstattung wurde die Schülerschaft stigmatisiert, so dass sie in absehbarer Zeit - trotz einiger Versuche der Herstellung von Gegenöffentlichkeit - kaum eine Chance haben wird, anders als chaotisch wahrgenommen und infolgedessen abgelehnt zu werden.

Was die Situation der Schule selbst anlangt, so sind mehrere Gründe zu nennen: Zum einen verkommen Hauptschulen in Ballungsräumen zu Restschulen. In Berlin z. B. beträgt die Übergangsquote von der Grund- zur Hauptschule deutlich weniger als 10 %; gerade dort, wo neben dem dreigliedrigen Schulsystem, Flächen deckend die Gesamtschule angeboten wird. An diese Haupt(Rest-)schulen werden SchülerInnen verwiesen, die zumeist aus Gründen der sozialen Auslese und bzw. oder aus Gründen mangelnder Beherrschung der deutschen Sprache in Schrift und Wort verwiesen. Die PISA-Studien sowie ähnliche internationale wie nationale Bildungsberichte führen uns dies immer wieder vor Augen. Tatsächlich wird ein Großteil jener Kinder und Jugendlichen mit Migrationshintergrund der Hauptschule oder der Gesamtschule zugeordnet. Deshalb versuchen Eltern, für die Bildung einen wichtigen Wert darstellt, ihre Kinder wegen der besseren Bildungschancen und wegen des schlechten Rufs von

Hauptschulen in der Gesamtschule unterzubringen. Der »Rest« der Kinder und Jugendlichen besuchen dann die Hauptschule. Wenn es also wirklich noch eines Beweises bedurft hätte, wie überholt das dreigliedrige Schulsystem ist - hier ist er!

Im Falle der Rütli-Schule kommt ein weiteres hinzu: Das Kollegium war gespalten, nicht wenige Lehrkräfte hatten überhaupt keinen Bezug zu »ihren« SchülerInnen. Einige KollegInnen sollen sogar heftige Aversionen gegen ihre nicht-deutschsprachiges Klientel gehegt und sich nachdrücklich geweigert haben, mehr als dienstlich notwendig zu tun. Das Kollegium hat, das beweist der bekannt gewordene Hilferuf deutlich, aufgegeben, wobei die Ursachen für den katastrophalen Zustand der Schulgemeinschaft einseitig den Jugendlichen selbst und der Schulaufsicht zugesprochen wurden. Seit einiger Zeit meldet sich nun auch die ehemalige Rektorin, Frau Pieck, wieder zu Wort, und verweist auf eben diese eigenen Unzulänglichkeiten.

Allerdings hat im Nachgang zu dem bekannten Hilferuf die örtliche Schulaufsicht bis hin zur Kultusbehörde, in Berlin die Senatsschulverwaltung, ihre Strategie geändert: War es bis dahin dem Unterrichtenden nur dann möglich, an eine Schule außerhalb Neuköllns versetzt zu werden, wenn er selbst für Ersatz sorgte - was in den meisten Fällen nicht funktionierte, weil der Bezirk schon seit langem kein begehrtes Ziel von LehrerInnen war -, so wird seit einem Jahr intensiv daran gearbeitet, eine höhere Durchlässigkeit zu ermöglichen.

Die frühere Regelung hatte dazu geführt, dass jene lang im Bezirk unterrichtende Lehrkräfte, die für eine gewisse Zeit in einer anderen Umgebung arbeiten wollten, um »Luft zu holen«, frustriert wurden, weil ihnen die Möglichkeit des Wechsels verwehrt wurde. Also überlegten sich engagierte Lehrkräfte ganz genau, ob sie sich überhaupt in den Bezirk hinein begeben wollten, wenn sie dort nicht mehr herauskommen konnten.

Das hatte zur Folge, dass freiwerdende Stellen an Hauptschulen im Bezirk Neukölln nur noch mit LehrerInnen im Rahmen von »Zwangsversetzungen« belegt wurden; mit Lehrkräften z. B., die aus Schulen kamen, die wegen rückläufiger Schülerzahlen geschlossen wurden. So kamen nicht die besonders Engagierten nach Neukölln, denn die hatten sich zuvor selbst darum gekümmert, an welcher Schule sie künftig tätig werden wollten. Nach und nach wurde die Rütli-Schule auf diese Weise zu einer *doppelten* Resteschule, nämlich sowohl in Bezug auf die Lehrer- als auch auf die Schülerschaft. Diese Organisationsstrukturen führten dann zu den bekannten, fatalen Auswirkungen.

Wie ich bereits im Vorwort berichtet habe, war ich von 1998 bis 2004 selber in der Schulleitung einer Hauptschule im sozialen Brennpunkt im Berliner Bezirk Wedding tätig. Mein Referendariat habe ich an einer Neuköllner Hauptschule absolviert, die nicht allzu weit von der Rütli-Schule entfernt ist. Noch heute zählen KollegInnen aus Neukölln und dem Wedding zu meinen persönlichen Freunden; ihnen allen gilt mein Respekt und meine Bewunderung für ihre täglich zu leistende Arbeit.

Ich kenne die Problemlagen solcher Schulen also aus eigenen Erleben, eigener Anschauung und aus dem eigenen täglichen Kampf um eine menschenwürdige Schule, die allen Beteiligten, vor allen Dingen aber den Heranwachsenden, Zukunftsperspektiven und Chancen eröffnet und anbietet. Dieses Streben kann bis zu einem gewissen Grad erfolgreich sein (vgl. »Hilfen, Die Schule«), aber wirklich nur dann, wenn allseits ein Interesse daran besteht. Deshalb müssen die KollegInnen an solchen Brennpunktschulen massiv unterstützt werden - was durchaus auch durch Stundenreduzierung oder durch eine bessere Bezahlung geschehen kann. Und, wer eine Auszeit braucht, dem sollte sie ermöglicht werden. Wer zehn Jahre und länger unter solch schwierigen Bedingungen arbeitet, hat das nicht nur verdient, er braucht es bisweilen ganz dringend.

Die Unterstützung ist ebenfalls von der Schulleitung sowie der Schulaufsicht und den politisch Verantwortlichen zu gewähren. - Mein Dank für sechs Jahre Unterstützung und kritischer Solidarität an *meine* Schulaufsicht *uffn Wedding* sei hiermit explizit ausgesprochen! - Eine Schulleitung zum Beispiel, die vielleicht mehr an der eigenen Karriere interessiert ist oder sich aktionistisch von einem Projekt ins nächste flüchtet und dabei den Alltag aus den Augen verliert, gibt die eigene Schule preis. Verantwortung zu haben, birgt in sich die Verpflichtung, diese *wahr*zunehmen.

Kann die Schule also vom Vorwurf, strukturelle Gewalt auszuüben, nicht generell freigesprochen werden, so kann doch versucht werden, das Schulleben so gewaltfrei wie möglich zu gestalten. Dabei müssen allerdings zwei Punkte klar sein: Erstens ist das Postulat der völligen Gewaltfreiheit nicht zu realisieren, und zweitens darf »gewaltfrei« nicht mit »konfliktfrei« gleichgesetzt werden. Wer gerade an der Schule das Austragen vorhandener Konflikte von vornherein unterbindet, muss sich über aufkommenden Vandalismus (Gewalt gegen Sachen) wirklich nicht wundern.

Hier einige wichtige Determinanten, um zu einem friedfertigen Zusammenleben innerhalb der Schule zu gelangen. Ihre wachsende Bedeutung entspricht der Reihenfolge der Aufzählung:

a) *Die Größe der Schule*:

Optimal wären 300 - 800 SchülerInnen, bis zu 300 für Grundschulen, bis zu 800 für Oberschulen. Da die angegebenen Größen häufig sogar drastisch überschritten werden, empfiehlt es sich, Räume (Plätze) zu schaffen, die als Identifikationsorte für eine begrenzte SchülerInnenzahl dienen, z. B. Kuschelecken in den Klassenräumen der Grundschule.

b) *Bauliche Dimensionen*:

Wichtig ist die Größe der Klassenzimmer, d.h., es ist zu beachten, wie viele SchülerInnen auf wie vielen bzw. wenigen Quadratmetern untergebracht werden müssen. Ein nicht zu unterschätzender, Gewalt fördernder Fakt ist die räumliche Enge in manchen Schulgebäuden. In diesem Zusammenhang ist es auch von Bedeutung, welche Größe und Gestaltung ein Pausenhof hat.

c) *Die LehrerInnen und ihre Disziplinierungsmaßnahmen*:

Sinnlose Strafen, die oft in keinem kausalen Zusammenhang mit einer Tat stehen, werden von Kindern und Jugendlichen zu Recht als bloße Machtdemonstration der disziplinierenden Lehrperson verstanden. Es ist ohnehin zweifelhaft, zumindest höchst umstritten, ob Strafen allein und überhaupt dazu geeignet sind, Verhalten nachhaltig zu ändern.

d) *Das allgemeine Klima*:

Klima meint den Umgang *aller* an der Schule Beteiligten miteinander, also der SchülerInnen, LehrerInnen und Eltern.

Es ist darauf zu achten, wie die tatsächlichen Mitgestaltungs- und Mitbestimmungsmöglichkeiten der SchülerInnen aussehen. Gibt es eine »Sandkasten-SV«, die in Konferenzen immer dann den Finger hebt, wenn der Vertrauenslehrer scharf herübersieht, oder werden die SchülerInnen mit ihren Bedürfnissen tatsächlich ernst genommen? Können sie wirklich das Schulleben mit gestalten?

Gerade Letzteres führt zu einem Diskussionspunkt, der das Thema Schule und Gewalt in jüngerer Zeit bestimmt hat: Amokläufe an deutschen Schulen!

Blickten wir bis zum April 2004 verwundert und entsetzt über den Atlantik und hielten solche Phänomene nur dort für möglich, so wurden wir durch die Erfurter Geschehnisse eines Schlechteren belehrt! Im November 2006 rückte dann der Tatort Emsdetten in unser Bewusstsein.

In beide Schulen sind eigene Schüler bzw. Ex-Schüler bewaffnet eingedrungen und haben von ihren Waffen Gebrauch gemacht. In Erfurt so verheerend, dass es zu einer Vielzahl von Toten kam, Emsdetten lief zum Glück glimpflicher ab.

Nahezu reflexartig fokussierten sich die Debatte und die Suche nach den Ursachen darauf, der Nutzung des Internets und von Gewalt verherrlichenden Computerspielen, insbesondere der so genannten »Ego-Shootern«, generell die Schuld zuzuweisen.

War es der Respekt vor den Opfern und deren Hinterbliebenen, dass die Debatte die Situation in den Herkunftsfamilien der Täter sowie die Situation in den Schulen der Täter weitestgehend außer Acht ließ? Oder war es nur eben einfacher, die Schuld auf etwas Abstraktes wie das Internet oder die Computerspiele zu schieben? Wurden die Taten dadurch erträglicher, dass die vermeintlich (virtuellen) Verantwortlichen an den Pranger gestellt wurden, wodurch verhindert wurde, das eigene Tun nachdrücklich zu reflektieren?

Versuch einer Annäherung und Erläuterung: Aus psychologischer Sicht stellen sich Amokläufe als »erweiterter Suizid« dar. Der Täter sieht in seinem Leben keinen Sinn mehr und reißt die seiner Meinung nach Schuldigen mit in den Tod. Hierauf verweist Bastian B., der Amokläufer aus Emsdetten, in seinem Abschiedsbrief, der im Internet verbreitet wurde: »Wenn man weiß, dass man in seinem Leben nicht mehr glücklich werden kann und sich von Tag zu Tag die Gründe dafür häufen, dann bleibt einem nichts anderes übrig, als aus diesem

Leben zu verschwinden. (...) Und ich habe mir Rache geschworen! Diese Rache wird so brutal und rücksichtslos ausgeführt werden, dass euch das Blut in den Adern gefriert. Bevor ich gehe, werde ich euch einen Denkzettel verpassen... Ihr müsst alle sterben!« (Telepolis Artikel, URL: http//www.heise.de/tp/r4/artikel/24/24032/1.html).

So ist zu erklären, dass übereinstimmenden Medienberichten zur Folge beide o. g. Täter versucht haben, die jeweiligen Schulleiterinnen zu erschießen. Beide wurden nicht angetroffen, in Erfurt musste an deren Stelle die Sekretärin ihr Leben lassen. Dass auch Unschuldige getroffen werden, wird billigend in Kauf genommen oder gar obskur gerechtfertigt: »Die Menschen, die sich auf der Schule befinden, sind in keinem Falle unschuldig! Niemand ist das!« (Bastian B., s.o.)

Die Motivlage bei den Tätern ist äußerst diffizil und, auch wenn es Parallelen gibt, höchst individuell zu betrachten:

Robert S. aus Erfurt wurde zum verschlossenen Einzelgänger nicht nur in der Schule, auch daheim in der Familie. Er hatte sein eigenes »Reich« in Form einer Mansarde unterm Dach. Dort verbrachte er viel Zeit, auch mit Computerspielen und Surfen im Internet (vgl. »Die Medien«). Zugleich war er aber auch Mitglied in einem Schießverein, wo er den Umgang mit Waffen lernte und Zugang zu Waffen erhielt.

Robert musste das Gutenberg-Gymnasium zu Erfurt verlassen; er hatte eine Disziplinstrafe erhalten und wurde wegen mangelnder Leistungen nicht zum Abitur zugelassen. Das damals geltende Thüringer Schulgesetz regelte solche Fälle derart rigide, dass sich junge Menschen wie Robert S. auf einmal ohne Zukunftsperspektive sahen: Wer nämlich nach dem erfolgreichen Abschluss der 10. Jahrgangsstufe weiter die Schule besuchte und in die SEK II wechselte, musste auch diese erfolgreich beenden. Wer dies, wie im Fall von Robert, nicht erreichte, stand plötzlich ohne **jeden Abschluss** da; der einst erreichte Abschluss nach Klasse 10 wurde im Nachhinein ungültig! Eine solche, gleichermaßen perfide wie unsinnige Regelung kommt dem Tatbestand der strukturellen Gewalt doch sehr nahe. Folglich änderte die Thüringer Landesregierung diese Regelung schnell und leise, bevor im Sommer 2004 das damals laufende Schuljahr endete.

Aufhorchen ließ mich allerdings eine Randnotiz, in der davon berichtet wurde, wie Robert S. die Suspendierung von seiner Schule erfuhr: Danach hielt es niemand für notwendig, Robert S. diese einschneidende Maßnahme persönlich zu übermitteln. Vielmehr musste er diese niederschmetternde Nachricht einem Schriftstück, das am Schwarzen Brett aushing, entnehmen!

Um keine Missverständnisse aufkommen zu lassen: Diese für mich unerklärliche wie unmögliche Vorgehensweise seitens der Verantwortlichen in der Schule rechtfertigt das (selbst-)mörderische Tun des Robert S. auf gar keinen Fall!

Vielmehr sollte es als ein Mosaikstück der vielschichtigen Motivlage des Täters verstanden werden. Vielleicht war es jener Tropfen, der das Fass zum Überlaufen brachte... Auf jeden Fall ist es ein Indiz für die Art und Weise, wie gedankenlos an der betreffenden Schule miteinander umgegangen wurde, und das sollte zwingend zur selbstkritischen Reflexion führen.

Bastian B. aus Emsdetten ähnelt in manchen Verhaltensweisen Robert S. aus Erfurt: Beide waren Waffennarren, spielten ähnliche Computerspiele und sahen das Internet als eine geeignete Mitteilungsplattform für ihre Gedanken und Schlussfolgerungen, die Außenstehende oft unverständlich und krude erscheinen. Beide wurden als Einzelgänger beschrieben, die sich immer mehr zurückzogen und regelrecht schrullig wurden. Während wir bei Robert S. ein wenig mehr über den familiären Hintergrund erfahren konnten, bleibt dieser bei Bastian B. weitgehend im Verborgenen. Auch dem Abschiedsbrief, den Bastian B. vor seiner Tat ins Internet gestellt hat, ist nichts Genaues zu entnehmen. Vielmehr kritisiert Bastian B. neben dem ihm sinnlos erscheinenden, weil Konsum orientierten Leben an mehreren Stellen seines Abschiedsbriefes Geschehnisse und Verhaltensweisen an seiner Schule: »Das Einzige, was ich intensiv in der Schule beigebracht bekommen habe, war, dass ich ein Verlierer bin. Für die ersten Jahre an der GSS (Geschwister-Scholl-Schule; A.K.) stimmt das sogar, ich war der Konsumgeilheit verfallen.(...) Ein Großteil meiner Rache wird sich auf das Lehrpersonal richten, denn das sind Menschen, die gegen meinen Willen in mein Leben eingegriffen haben, mich dahin zu stellen, wo ich jetzt stehe: auf dem Schlachtfeld!« (Bastian B., Abschiedsbrief, s. o. Anmerkung des Verfassers: Alle Zitate wurden zum Zwecke des besseren Leseverständnisses bezüglich der Rechtschreibung, der Zeichensetzung sowie der Grammatik korrigiert, ansonsten aber im Original wiedergegeben.)

Ich glaube, hier ist die selbstkritische Reflexion aller am Schulleben Beteiligten dringend gefragt. Sie müssen sich vergewissern, dass ihre Umgangsweisen einen solchen Hass, wie er im oben zitierten Brief zum Ausdruck kommt, nicht aufkommen lassen. Der Einwand, eine Schule könne auch zufällig durch den Täter ausgewählt werden, erscheint mir nicht stichhaltig zu sein, denn Amokläufe sind als erweiterter Suizid genau genommen Beziehungstaten.

Zusammengefasst lässt sich zum Thema Amok festhalten, dass die Täter über lange Zeit Demütigungen, Verletzungen und andere Defizite erleiden mussten und anhäuften. Dass dieses Thema von mir im Kapitel »Schule« abgehandelt wurde, ist dadurch begründet, dass diese schrecklichen Taten eben dort ausgeführt wurden. Unter dem Aspekt der Suche nach den Ursachen wäre aber eine Einordnung auch in den Kapiteln Familie oder Freizeit und im Kapitel Medien möglich gewesen.

Allerdings erhalten die Lehrkräfte von gesellschaftspolitischer Seite nicht immer die nötige Unterstützung. So haben die zu geringen Einstellungen jüngerer KollegInnen manches Kollegium »vergreisen« lassen. Die Gewerkschaft Erziehung und Wissenschaft (GEW) hat vor mehreren Jahren ein Plakat herausgegeben, das den Titel »Herzlichen Glückwunsch, unser Jüngster wird 50!« trug. Die Neuauflage dieses Plakates könnte nunmehr die Zahl 60 tragen. Das Fehlen jüngerer Jahrgänge hat das so genannte »Burn-out-Syndrom« gefördert; LehrerInnen fühlen sich innerlich ausgebrannt.

Wenn dann noch die diskriminierende Bezeichnung der Lehrkräfte als »faule Säcke« aus *berufenem* Mund hinzu kommt, wenn Unterrichtende in der Öffentlichkeit generell abgestempelt werden, wird, und das wiegt wirklich schwer, der Lehrerschaft die notwendige Rückendeckung versagt. Ohne gesellschaftliche Anerkennung aber können LehrerInnen nicht erfolgreich lehren und erziehen; allerdings müssen die Unterrichtenden ihrerseits akzeptieren, dass sie nicht nur Wissensvermittler sind, sondern auch der Erziehung verpflichtet sind!

Die Schule kann also in vielfältiger Form dazu beitragen, dass Kinder und Jugendliche reichlich Frustrations- und Ohnmachtserfahrungen sammeln. Aber wo ist dann der Platz, die Zeit und das angemessen ausgebildete Personal, um damit konstruktiv umzugehen?

Die Freizeit

Ich beginne mit einer Klage: »Was sich die staatliche Jugendpolitik in Bezug auf Freizeitangebote seit längerem erlaubt, grenzt an ein Verbrechen, zumindest ist es hochgradig fahrlässig; denn jede Mark, die wir heute im Jugendbereich einsparen« - auch in den Schulen -, »müssen wir morgen drei- bis fünffach für Rehabilitationsmaßnah men, Jugendgefängnisse, Jugendtherapeuten etc. ausgeben«. So lautet die verheerende Kritik des ehemaligen Landesvorsitzenden der Polizeigewerkschaft im Deutschen Gewerkschaftsbund, geäußert auf einer öffentlichen Veranstaltung 1991. Die Folgen dieser inzwischen zum Klassiker gewordene Binsenwahrheit bekommen wir alle täglich zu spüren.

Gerade in der Ex-DDR steht der Jugend kein ausreichendes nichtkommerzielles Freizeitangebot zur Verfügung, wobei diese Missstände auf dem flachen Land noch krasser als in den (Groß-) Städten sind. Und selbst kommerzielle Angebote fehlen oft oder können aufgrund der eigenen oder der elterlichen Arbeitslosigkeit nicht wahrgenommen werden. Es war ein fataler Fehler, allen Jugendklubs wegen des kollektiven Ideologieverdachts den Geldhahn zuzudrehen. Spät erst erkannte die damalige Bundesregierung in Person der damals zuständigen Ministerin Angela Merkel, dass auch sie eine Verantwortung zu übernehmen hat. Deshalb wurde das millionenschwere Programm »AGAG« (Aktionsprogramm gegen Aggression (sic!) und Gewalt) aufgelegt. Dieses Programm endete schon zur Jahreswende 1996/97. Zehn Jahre später, im Frühjahr 2007 wird nach aktuellen Ausschreitungen von Fußballfans z. B. in Dresden erneut darüber gestritten, ob das Bewilligen von Geldern zur Durchführung von Gegenmaßnahmen verschiedenster Art sinnvoll ist oder nicht; als sei die oben zitierte Erkenntnis nicht längst auch wissenschaftlich bewiesen worden.

Dennoch müssen zwei Faktoren kritisch betrachtet werden: Zum einen war (fast) das gesamte Freizeitangebot für DDR-Jugendliche von Staats wegen durchorganisiert, obwohl sich viele auch in der FDJ ihre Nischen suchten. Heute nun müssen die Jugendlichen ihre Freizeitmöglichkeiten selber aufbauen und gestalten. Zum anderen war der offiziellen DDR-Erziehung eine ständige Produktion von Autoritarismus systemimmanent. Der Anspruch der Partei auf den Alleinbesitz der Wahrheit organisierte das gesellschaftliche Leben hierarchisch; die bestimmenden Strukturen liefen von oben nach unten, Selbstbestimmung war weithin ein Fremdwort. Dieses Denken erleichterte es den gut geschulten und rhetorisch geschickten rechtsextremen Ideologieträgern und -multiplikatoren, die nach der Wende aus dem Westen kommend sehr schnell Fuß fassten, Gefolgsleute zu finden. Diese sind heute junge Erwachsene, die wählen dürfen. Von daher erklären sich einige der für die rechtsextremen Parteien günstigen Wahlergebnisse.

In den westlichen Bundesländern sind seit den späten achtziger Jahren des letzten Jahrhunderts Individualisierung und Kommerzialisierung im Jugendfreizeitbereich zu (mit-) bestimmenden Trends geworden, die inzwischen auch die neuen Bundesländer erreicht haben.

Doch ist Individualisierung nicht so zu verstehen, dass Jugendliche sich nicht mehr in Gruppen, in den für ihr Alter typischen Peergroups, den »Cliquen«, aufhalten und diese als nicht wichtig betrachten. Aber die Strukturen dieser Gruppen haben sich verändert. So wird verstärkt die Individualität innerhalb einer Gruppe gesucht. Während althergebrachte Vereine um junge Menschen regelrecht werben müssen, herrscht bei privat geführten Sportstudios, die bei weitem teurer sind, Hochkonjunktur.

In Zusammenhang mit der *Kommerzialisierung* ist eine Tendenz festzustellen, die mir bedenklich erscheint: Immer mehr Jugendliche definieren ihre (Schein-)Identität in Gruppen über ihr Outfit; über die Kleidung entsteht das persönliche Image. Das ist im Prinzip nichts Neues, hat heute aber ein größeres Gewicht als früher. Ich will ein Beispiel aus den 70er Jahren geben: Im Großen und Ganzen gab es drei Gruppen von Richtungen: Popper - Punker - Müslis. Popper waren schon immer Krawattenträger und hatten nichts anderes im Kopf als Papas Portemonnaie. Die Punker waren da schon angenehmer, weil eben nicht angepasst, aber wer wollte schon so bunt rumlaufen? Wir Müslis waren natürlich die Besten, und es gab für uns nichts Schlimmeres, als den Friseur besuchen oder eine nagelneue Jeans anziehen zu müssen.

Heute funktioniert dies in abgewandelter Form: Ähnlich wie jene Erwachsenen, für die es enorm wichtig ist, dass auf ihrem Polohemd ein Krokodil zu sehen ist oder dass sie mit einer bestimmten Kleidungsmarke den Tenniscourt betreten oder dass der Schriftzug Hugo Boss auf ihrer Kleidung weithin sichtbar ist, orientieren sich Jugendliche an der Markenzugehörigkeit der Kleidung. Dies ist einer der Gründe, warum derzeit die Diskussion um einheitliche Schulkleidung auf breites Interesse trifft.

Stellen wir uns einmal einen in Bezug auf Kleidung »multikulturellen« Jugendlichen vor, der alle einschlägigen Marken an seinem Körper trägt: Er bekommt ein Van-Dutch-Sweat-Shirt für € 120,-; ein Paar Kappa-Turnschuhe für € 170,- sowie eine Karlkani-Jacke für € 499,-. Zusätzlich erhält er eine Diesel-Jeans für € 129,- sowie diverse Accessoires (Nike Socken, Stirnbänder, Schweißbänder fürs Gelenk, Base-Cap usw.). Mit dieser perfekten Ausstattung, die etwa 1000 € kostet, ist der Jugendliche in seiner Clique »in«, ist der Star. Das Problem ist aber, dass die bevorzugten Marken schnell wechseln, bisweilen sogar vierteljährlich! Nun ist derselbe Jugendliche nicht mehr »in« sondern »out«. Er muss nun versuchen, seine erkämpfte Position innerhalb der Gruppe auf andere Weise zu sichern. Er könnte z. B. den »Coolen« markieren »Cool-Sein« hat für Jugendliche seit den neunziger Jahren einen besonders hohen Stellenwert. Aber wie kann er nun sein Cool-Sein unter Beweis stellen? Zunächst mit verbalen Attacken gegen LehrerInnen, Eltern oder andere Personen. Irgendwann aber muss er seine Glaubwürdigkeit unter Beweis stellen, muss nicht nur »cool« reden, sondern auch »cool« handeln. Dann könnte - ich betone *könnte* - Gewalt für ihn zum brauchbaren Mittel werden, dessen Anwendung »sinnvoll« ist.

Es kann aber auch geschehen, dass die zur Schau gestellte angebliche Gefühlskälte, das »Cool-Sein«, und diese Möglichkeit sollte nicht unterschätzt werden, sich verselbständigt oder es gar zu Transfers in andere Bereiche kommt.

Eine Anmerkung an dieser Stelle: Sollten Sie beabsichtigen, einen Jugendlichen aus einer problematischen Clique herauszulösen, müssen Sie immer bedenken, dass diese Clique dem Jugendlichen Halt bietet, d. h., Sie müssen positiven Ersatz anbieten.

Exkurs:
Zur Situation Jugendlicher mit Migrationshintergrund

Im Folgenden geht es um Jugendliche mit oder ohne deutsche Staatsangehörigkeit, die vielleicht hier geboren und/oder aufgewachsen sind, also zur Wohnbevölkerung gehören, deren Herkunftsfamilien aber einst oder jüngst aus anderen Ländern nach Deutschland gezogen sind.

Die soziale und kulturelle Realität dieser Kinder und Jugendlichen gleicht nur teilweise den Lebenserfahrungen ihrer AltersgenossInnen ohne Migrationshintergrund. Aufzeigen lässt sich dies anhand von türkischen Jugendlichen, das gilt aber für andere »Ausländer« genauso oder ähnlich.

Die Gruppe der aus der Türkei stammenden (Arbeits-)MigrantInnen umfasst z.B. innerhalb Berlins den größten Anteil an »Ausländern«. Deren Kinder, unsere heutigen SchülerInnen, gehören größtenteils der dritten Generation an, das heißt, sie sind, wie in vielen Fällen schon ihre Eltern, in Deutschland geboren worden und wachsen hier auf.

Die staatsbürgerliche (Rechts-)Stellung jener MigrantenInnen, die nicht eingebürgert sind, gleicht immer noch nicht der ihrer »deutschen« FreundInnen, auch wenn sich neuerdings Einiges zum Positiven geändert hat: Sie brauchen weiterhin Aufenthaltsgenehmigungen und Arbeitsgenehmigungen. Sie können bei Straftaten aus dem Lande gewiesen werden - in ihr »Heimatland«, das sie kaum kennen und wo sie als so genannte »Deutschländer« eher abgelehnt denn geduldet werden. Sie dürfen nicht als Beamte in den Staatsdienst eintreten und bei Wahlen, sogar bei regional und politisch begrenzten

Kommunalwahlen, bleiben sie draußen vor der Tür. Wen wundert es da noch, dass sich viele von ihnen schon aus diesen Gründen als Menschen zweiter Klasse fühlen?

Vorsicht muss gerade beim Betrachten von Statistiken der so genannten »Ausländerkriminalität« oberstes Prinzip sein: Wenn hier dem Augenschein nach »bewiesen« wird, dass Ausländer in höherem Maße kriminell sind als Deutsche, so ist dieser Eindruck vermutlich beabsichtigt, zumindest wird er billigend in Kauf genommen. Denn oft wird verschwiegen, dass erstens Menschen mit fremdem Pass gegen Gesetze verstoßen können (Stichwort »Ausländergesetzgebung«), gegen die Deutsch gar nicht verstoßen können.

Zweitens werden bei diesen Statistiken oftmals auch Ordnungswidrigkeiten mitgezählt, was in der Statistik für die Deutschen entfällt.

Drittens sind die polizeilichen Kriminalstatistiken (PKS) lediglich Zählungen der angestrengten Ermittlungsverfahren, sowohl bei Fremden wie bei Deutschen. Die Zahl der tatsächlich Verurteilten ist aus vielerlei Gründen bei weitem geringer. So weisen gerade die Forschungsergebnisse des Kriminologischen Forschungsinstituts Niedersachsen sowie der Unfallkassen (vgl. »Zur aktuellen Situation, S.XY) darauf hin, dass ein generelles Verdikt, Menschen nichtdeutscher Herkunft seien krimineller als Deutsche, nicht haltbar ist.

Oftmals fand gerade in den Großstädten eine Gettoisierung der ArbeitsmigrantInnen statt, die zum einen durch das eigene Zusammenhalten in einem fremden Land, zum anderen aber durch das gesteuerte Angebot an Wohnraum gefördert wurde. Die heutige Jugendgeneration klagt oder berichtet darüber, dass hier die bedrückende, einengende Sozialkontrolle der Großfamilie, der breiteren Verwandt- und Bekanntschaftskreise, weiter funktioniert. Diese Kontrolle ist gekoppelt mit Sprachschwierigkeiten sowie oftmals auch mit einem tief greifenden Kulturschock (lesen Sie hierzu einmal den wunderschönen Roman »Selim oder die Gabe der Rede« von Sten Nadolny). Dieser Schock geht noch tiefer, wenn der Migration nach Deutschland unmittelbar die Migration aus industriell rückständigen, ländlichen Regionen Anatoliens in die modernen Metropolen Ankara oder Istanbul vorangegangen ist. Wo die MigrantInnen Wochen zubringen mussten, um alle notwendigen Bescheinigungen,

Formulare und Genehmigungen beizubringen, damit sie in die Industriemetropolen Westeuropas einreisen konnten. Dies führt bis heute dazu, dass viele MigrantInnen innerhalb ihres Kulturkreises blieben, sich der Öffnung zur neuen Gesellschaft verweigerten. Eine Abschottung kann wiederum zur Folge haben, dass an religiösen oder weltlich-kulturellen Traditionen noch stärker festgehalten wird, als dies in der verlassenen Heimatregion der Fall wäre. Ein ähnlich gelagertes Verhalten des partiellen Abschottens ist vielerorts bei den so genannten »Spätaussiedlern« zu beobachten.

Die Rechtsstellung von in Deutschland geborenen Nachkommen ausländischer Menschen war in der Vergangenheit schon einmal besser: So galt während der Zeit der Weimarer Republik das »Territorialprinzip«, das heißt, dass die auf deutschem Staatsgebiet geborenen Kinder automatisch die deutsche Staatsbürgerschaft erhielten. Zuwanderer konnten schneller und leichter die deutsche Staatsbürgerschaft erhalten als heute, mehr als 80 Jahre später.

Heute gilt wieder das kaiserliche Staatsangehörigkeitsrecht aus dem Jahre 1913, das so genannte »Abstammungsprinzip«. Dies bedeutet, deutsch ist nur, wer deutsche Eltern hat. Die Erlangung der deutschen Staatsbürgerschaft ist an enge Anforderungen gebunden. Verwundert es da, dass viele KritikerInnen von einem »institutionalisierten« oder »in Gesetzeslettern gegossenen« Rassismus sprechen, der neben dem in unserer Gesellschaft ohnehin weit verbreiteten, mehr oder weniger latenten Rassismus existiert?

Die eigene Gettoisierung sowie eine massive offene oder verdeckte Ablehnung der »Fremden« seitens der »Einheimischen« führten nun dazu, dass viele Kinder und Jugendlichen mit Migrationshintergrund emotional, sprachlich und kulturell zwischen zwei Stühlen sitzen. In der Öffentlichkeit, z. B. in Schule und Freizeit, erleben sie eine dramatisch andere Wirklichkeit als zuhause.

Ein große Anzahl der türkischen SchülerInnen haben fundamentale Sprachschwierigkeiten; sie verfügen weder über ein Grundgerüst in der türkischen noch in der deutschen Sprache. Chomsky und seiner »universellen Grammatik« zum Trotz fehlt oft jegliches grammatikalische Konzept und Wissen. Deshalb gibt es Grundschulklassen, die bilingual, also türkisch einerseits, deutsch andererseits alphabetisiert werden.

Einige wenige, aber prägnante Zahlen aus Berlin: 90 % aller fremdsprachigen SchülerInnen sind in diesem Land bzw. in dieser Stadt geboren oder aufgewachsen. Während lediglich 7 % der SchülerInnen deutscher Herkunft die Hauptschule besuchen, liegt die Zahl bei den MigrantInnen bei 45 %! Vergleichen wir die Zahl derer, die ohne jeden Schulabschluss die Regelschulen verlassen, so sind dies 12 % der deutschen, aber 35 % der Jugendlichen mit Migrationshintergrund. Dramatisch angestiegen ist deren Anteil an Sonderschulen: 80-90 %(!) an Berliner Sonderschulen soll kein Einzelfall sein.

Der Fall ist eindeutig und klar: Die Kinder und Jugendlichen nichtdeutscher Herkunft werden durch strukturelle Gewalt häufiger um ihre Chancen gebracht, zumindest viel stärker benachteiligt, als dies bei ihren deutschen KlassenkameradInnen vorkommt.

Wo liegen die Gründe?

Psychologische Einschulungstests – obligatorisch bei Schuleignungs untersuchungen - sind oft noch von der Annahme geleitet, es gäbe kulturneutrale Intelligenztests. So wird z. B. auch strenggläubig erzogenen muslimischen Kindern die Zeichnung eines Sektglases gezeigt, welches das Kind partout erkennen soll. Wie soll dieses Kind das leisten?

Weiterhin erschwert eine unsystematische Konfrontation von zwei Heimatsprachen, zu denen mindestens eine schulische *Fremdsprache* kommt, nahezu alle schulischen Lernprozesse der Betroffenen.

Sehr oft wird die Schule, aber auch die Freizeitgestaltung noch monokulturell organisiert - der kulturelle Reichtum der Migrantenkinder kommt nicht zum Tragen.

Oft wird für ein anonymes, herzloses oder gar gewalttätiges Klima an der Schule das Argument vorgebracht, dass es so viele »Nationen« an der Schule gebe. Schon hinter der Umschreibung Nationen verschwinden die menschlichen Individuen, die Kinder und Jugendlichen, denn Nation ist ein abstrakter, nicht fassbarer Begriff.

Ein Blick in die Flure, Treppenhäuser und Räume dieser Schulen lohnt sich: Lediglich die Produkte einer einzigen, nämlich der westeuropäischen/deutschen Kultur sind zu entdecken und zu bewundern. Im äußeren Bild dieser Schulen fehlen Zeugnisse anderer kultureller Kreise oft gänzlich.

Die Eltern dieser Kinder und Jugendlichen verstehen oft das deutsche Schulsystem nicht, lehnen es bisweilen sogar heftig ab; häufig können die Eltern ihren Kindern keinerlei Hilfen bei Schulproblemen geben. Das »Zentrum für Türkei-Studien« in Essen veröffentlichte im Herbst 2006 bedenkenswerte Zahlen: »56 Prozent« der aus der Türkei zugezogenen Eltern »sind der Auffassung, dass ihre Kinder deutlich schlechtere Zukunftschancen haben als andere Kinder und Jugendliche.« »35 Prozent glauben, dass Lehrer türkischstämmige Kinder diskriminieren, 25 Prozent sind überzeugt, dass die Lehrer nicht interessiert seien.« (zit. nach Neue Westfälische, 20.10.2006, S. 2) Das »Wissenschaftszentrum Berlin« bestätigt diese Befunde, indem es darauf verweist, dass »gerade Schüler aus Migrantenfamilien (...) besonders empfindlich auf die oft geringen Erwartungen, die Lehrer ihnen entgegenbringen«, reagieren. »Gleich einer sich selbst erfüllenden Prophezeiung fallen (...) die Leistungen umso geringer aus, je tiefer die Messlatte angelegt wird.« (zit. nach Berliner Zeitung, 24.10.2006, S. 5)

Zudem verschärfen sich innerhalb der jeweiligen Gruppe der Migranten die (Lebens-) Widersprüche zwischen der ersten, der zweiten und der dritten Generation. Diese Entwicklung verunsichert viele der Heranwachsenden genauso wie die parallel laufende Zunahme fremdenfeindlicher Stimmungen und deren Auswirkungen auf alle Bereiche unseres gesellschaftlichen Lebens.

Eine nach dem 11.09.2001 einsetzende Gleichsetzung des Islams mit dem so genannten »Islamismus«, der als militant definiert ist, führt gerade innerhalb der muslimischen Community in Deutschland zu einem Rückgang der Einbürgerungen. Da zwar einerseits die Einbürgerung 1998 erleichtert wurde, andererseits nunmehr eine doppelte Staatsbürgerschaft seitens des deutschen Gesetzgebers nicht mehr geduldet wird, zögern gerade viele aus der Türkei eingewanderte Menschen bei der endgültigen Entscheidung, ihre türkische Staatsbürgerschaft aufzugeben. Viele fühlen sich unverstanden in einem Land, in dem sie aufgewachsen sind und dessen Sprache sie zumindest verstehen, aber von dessen Mehrheitsbevölkerung sie misstrauisch betrachtet, heimlich oder offen abgelehnt oder gar mit dem Stempel der Kollektivschuld versehen und als Angreifer auf die »Leitkultur« angefeindet werden.

Dass diese Verunsicherungen und Gefährdungen das Bewusstsein, das Erleben und die Gefühle der hier betroffenen jungen Menschen beeindrucken und prägen, möchte ich an zwei Beispielen illustrieren:

In der zweiten Hälfte der 80er Jahre bildete sich im Berliner Bezirk Wedding eine männliche türkische Jugendgruppe namens »Black Panther«. Diese Jugendlichen fanden sich zusammen, um gemeinsam ihre Freizeit zu gestalten, da sie als »Ausländer« oft genug nicht in Diskotheken u. ä. gelassen wurden. Sie hielten aber auch zusammen, um sich und ihre Angehörigen gegen herum vagabundierende Skinhead-Banden zu schützen. Die aus ihrer Sicht notwendigerweise stattfindenden Schlägereien stärkten einerseits das kollektive Selbstbewusstsein, andererseits wurden aber auch illegale Praktiken erlernt und auf Situationen übertragen, in denen diese Jugendlichen keine Opfer, sondern klassische Täter waren. Über die Jahre entwickelten sie sich zu einer teilweise kriminellen Bande. Der ursprüngliche und leicht verständliche Selbstschutzgedanke einer diskriminierten und gefährdeten Minderheit trat mehr und mehr in den Hintergrund. So gab es einen Toten bei einem Überfall auf eine Spielhalle, aber es kam auch zu regelrechten Straßenschlachten mit anderen türkischen bzw. arabischen Jugendgangs. Die Black Panther gründeten zudem im Laufe der Jahre eine Gruppe innerhalb ihrer Gruppe, die so genannte »Cash Mafia«, die durch Diebstahl, Überfälle oder Erpressung das nötige Kleingeld zur kommerziellen Freizeitgestaltung aufbringen musste. Mitglieder dieser Gruppe hatten oftmals keinen Ausbildungsplatz, lebten in beengte Wohnverhältnissen und hatten wenig bis gar keinen Kontakt zu gleichaltrigen Deutschen; die wenigsten besuchten noch die Schule, sie kamen zumeist aus einem Kiez. Mit wachsender krimineller Energie erhielten sie noch mehr Hausverbote in Kneipen, Jugendcafés und -zentren. An Hilfestellungen erfuhren sie wenig, auch dann nicht, wenn einer von ihnen aussteigen wollte.

Äußere Ablehnung, Schutz, Trutz und Trotz, Selbstbestätigung, ein Konglomerat in einem Teufelskreis, den zu durchbrechen es starker externer Hilfe bedurfte. Aber wo wird diesen Verlierern geholfen? (Vgl. hierzu: Farin, Seidel-Pielen, 1991).

Zweites Beispiel: Das für »uns Deutsche« so entscheidende Jahr 1989 aus Sicht einiger Migrantenkinder:

Die Wahl der Partei »Die Republikaner« in das Berliner Abgeordnetenhaus im Januar 1989 war für die hier lebenden Fremden ein Alarmsignal: Nun offenbarte sich, was viele von ihnen bereits individuell erfahren, gefühlt oder geahnt hatten - die Fremdenfeindlichkeit in Deutschland zog nach vielen Jahren der Abstinenz erstmals wieder in ein Länder-Parlament ein! Gleichzeitig war diese Januarwahl der Auftakt für weitere negative, einschneidende Ereignisse. Verunsicherte Jugendliche bewaffneten sich, um sich selbst schützen zu können, da sie sich – nach ihrer Erfahrung – auf den Schutz durch die deutsche Polizei nicht verlassen konnten.

Am 20. April 1989 jährte sich zum hundertsten Male der Geburtstag Adolf Hitlers. Der damals noch lebende bekannte Neonazi-Führer Michael Kühnen kündigte mit seinen alten und neuen Kameraden einen Aufmarsch in Berlin an. Die Aufregung unter ausländischen Jugendlichen, aber auch unter (internationalen) Linken war gespannt, gereizt, bisweilen sogar hysterisch. So organisierten sich Wachen, Gruppen, die Patrouille laufen sollten, Angegriffene sollten verteidigt, Objekte, wie z. B. alternative Zentren, Flüchtlingsheime etc., sollten ebenfalls beschützt und notfalls verteidigt werden.

Die offizielle Politik reagierte schroff: Alle Gegenaktivitäten wurden pauschal verurteilt, die Polizei allein sollte dem Problem gerecht werden - ein unglaubliches Politikverständnis! Besser wäre gewesen, differenziert vorzugehen, um den Alt- und Jungfaschisten ein deutliches Signal zu geben. Hier wären vielseitige Unternehmungen möglich gewesen, ohne das staatliche Gewaltmonopol in Frage zu stellen.

Der Berliner Polizei haben gerade diejenigen das geringste Vertrauen entgegengebracht, die Ziel des angekündigten Sturms sein sollten; steht die Polizei doch in dem Ruf, auf dem rechten Auge blind zu sein. Außerdem war im Frühjahr 1989 bekannt geworden und vielen bewusst, dass zahlreiche Polizeibeamten nach der Januarwahl Mitglieder der Reps geworden waren. Sie stellten laut Aussage des Berliner Landesverbandes der Republikaner die größte Berufsgruppe innerhalb dieser Partei. Zur Vertrauensbildung trug auch nicht bei, dass die Polizeiführung die Landeszentrale der Reps unter offiziellen Polizeischutz stellte. Genau in jenen Tagen, an welchen ich im März 2007 dieses Kapitel überarbeitete und mir dabei die Frage stellte, ob die Zeilen über die (Berliner) Polizei noch aktuell oder zu streichen seien, wurde bekannt, dass eine Klasse Berliner Polizeischüler sich geschlossen geweigert hat, im Unterricht über den Holocaust informiert zu werden. Darüber hinaus hielten sie »Juden für reiche Menschen...« (Berliner Zeitung, 21.03.2007, S. 1)

Aber zurück zum konkreten Geschehen, die Abende und Nächte um den 20. April 1989 verliefen wider Erwarten ruhig. Aber der Islamische Friedhof in Berlin-Neukölln, der in unmittelbarer Nähe einer großen Polizeistation und -kaserne liegt, wurde geschändet. Obwohl als Anschlagsziel von den Rechtsextremen ausdrücklich benannt, war Objektschutz hier nicht vorgesehen. Die Polizei ließ sich die ganze Nacht nicht blicken. Ein einziger Mannschaftswagen mit Polizisten hätte ausgereicht, diese Tat zu verhindern. Vertan, diese Chance; vertan aber auch die weitaus wichtigere Chance, und das wiegt schwerer, dass die Polizei und ihre Führung deutlich und unmissverständlich hätten zeigen können, dass sie tatsächlich und tatkräftig alle, wirklich *alle* BürgerInnen zu schützen gewillt sind! Dieses ausbleibende Signal wurde und wird von den »ausländischen« Jugendlichen oft als ein bewusster feindlicher Akt empfunden; sie sehen darin den Beweis für die Fremdenfeindlichkeit der Polizei. Viele sehen sich deshalb legitimiert, sich selbst zu bewaffnen, nachdem sich die Polizei in ihren Augen entweder als hilflos oder gar als Gegner erwiesen hat. an. Ihre Grundeinstellung, in dieser Gesellschaft nichts wert zu sein, wurde verstärkt.

Das so viele und tief greifende Veränderungen bringende Jahr 1989 endete mit dem Mauerfall, dem Beginn der Vereinigung der beiden deutschen Staaten.

Während die Mehrheit der »Eingeborenen« in euphorischen Gefühlen schwelgte, Nabelschau betrieb und kritische Stimmen leichtfertig überging, schauten die Kinder und Jugendlichen der MigrantInnen sorgenvoll in die Zukunft.

Nun fühlten sie sich erst recht an den Rand der Gesellschaft gedrängt, nämlich an das unterste Ende der sozialen Hierarchie.

Wenn sich Jugendliche dermaßen in die Enge gezwängt und an den gesellschaftlichen Rand gedrängt sehen, wenn sie zudem aus Familien stammen, in denen Gewalt als Erziehungsmittel real existent und vielleicht aus chauvinistischen Quellen gespeist wird, dann kann es zu so unglaublich brutalen und unfassbar erscheinenden Vorfällen kommen, wie in Berlin im Winter 2006/07. In einem Berliner Gymnasium veranstaltete die Schülerschaft eine Disco, zu der nur wenige außerschulische Gäste geladen waren und Zutritt fanden. Trotzdem verschafften sich einige junge Männer türkisch-arabischer Herkunft den Zugang. Als dies entdeckt wurde, wurden die nicht geladenen Gäste, die sich bis dahin vollkommen friedlich verhalten hatten, gebeten, das Haus wieder zu verlassen. Dabei kam es am Ausgang zu einem Wortgefecht, das zunehmend an Schärfe gewann. Der Vater eines Schülers, bei der Kriminalpolizei tätig, zückte seinen Ausweis, um zu schlichten und zu beruhigen. Er wollte aber auch dafür Sorge tragen, dass die ungebetenen Gäste endlich das Haus verließen. An diesem Punkt explodierte die Gewalt: Der Vater wurde von den Tätern aus dem Gebäude gezerrt und von mehreren der ausnahmslos männlichen Jugendlichen derart brutal mit unzähligen Schlägen und Tritten misshandelt, dass er über viele Tage hinweg auf der Intensivstation einer Notfallklinik um sein Leben bangen musste.

Die Medien

In diesem Kapitel sollen die Audio-Visuellen-Medien (AV-Medien) »Fernsehen«, »Video« und »Computer« den Schwerpunkt bilden. Auch das Thema der »Handy-Nutzung« soll hier behandelt werden. Den Einfluss der Medien auf Kinder und Jugendliche können einige Beispiele illustrieren (vgl. auch: Amok an Schulen im Kapitel »Die Schule«):

- In den USA haben so genannte »Videopapparazzi« unsere »XY-Sendungen« quasi »weiterentwickelt« und jagen jetzt, mit Hubschrauber und Videokamera ausgerüstet, auf eigene Faust und live Verbrecher, Gauner und Kleinkriminelle (bekannt wurde vor allen anderen der »Fall O. J. Simpson«). Dagegen

wirken die »Reality-TV-Sendungen« bei unseren Privaten nahezu hausbacken.
Nach dem Aufsehen erregenden Kindermord in Liverpool (zwei zehnjährige Jungen entführten einen Dreijährigen, zerrten ihn meilenweit durch die belebte Stadt, um ihn dann bestialisch umzubringen), vermutete der mit dem Jugendstrafverfahren betraute Richter in seiner mündlichen Urteilsbegründung, dass der Videofilm »Chucky 3«, den die beiden Täter kannten, möglicherweise die Vorlage für die Tat war. Diese Vermutung wurde überall in den Print-Medien Europas als Fakt dargestellt: »Chucky 3« war plötzlich das Drehbuch der Tat. Als der Privatsender »Premiere« den Film auf Grund der entstandenen Diskussion ausstrahlte, hagelte es bundesweit massive Proteste. Tatsächlich gab es lediglich eine Übereinstimmung zwischen Film und Realität: Dem Opfer wurde vor dem Mord Farbe ins Gesicht gespritzt. Sonst stimmte nichts überein! Ernsthaft zu fragen bleibt aber, ob nicht der Gewaltvideokonsum mancher Eltern Symptom für eine Gewalt akzeptierende Disposition darstellt, die sie ihren Kindern weitergeben.
Da hat eine Babysitterin massive Probleme, ihren vierjährigen Schützling davon abzuhalten, aus der Dachluke zu klettern und vom Dach zu springen. Auf Warnungen, Vorhaltungen und ruhige Gesprächsangebote kommt immer wieder monoton die Antwort: »Batman fängt mich auf. Sicher wird Batman mich auffangen.« Letztlich half nur der Hinweis, »Batman kann nicht überall sein, vielleicht fängt er gerade einen anderen kleinen Jungen auf«, um das Unheil doch noch abzuwenden.
Im Kunstunterricht werden die SchülerInnen aufgefordert, ein Bild im Zusammenhang mit ihrer Heimatstadt Bremen zu zeichnen. In der Wahl ihrer Assoziationen, Variationen etc. sind sie frei. Dabei fällt ein Bild auf: Ein Junge malt Bremen innerhalb einer Landkarte direkt neben das ehemalige Jugoslawien! Verzerrt nun das Medium Fernsehen die bildhafte Vorstellung von Entfernungen und Ortslagen? Oder hat dieser Junge die in den neunziger Jahren offen ausgetragenen Feindseligkeiten in jenem Landstrich Europas gleich-

gesetzt mit den Umgangsweisen der Mitmenschen in seinem eigenen Erfahrungsraum? Oder wollte er auf die tatsächliche räumliche Nähe des Unerträglichen hinweisen, um uns unsere Verdrängungsleistung kritisch aufzuzeigen?

Für welche Deutung wir uns auch immer entscheiden, eines wird auf alle Fälle klar:

Jugendliche sind Seismographen der Gesellschaft! Feinfühlig, lange vor uns Erwachsenen, registrieren sie kleinste Bewegungen, ganz zu schweigen von schwereren Beben bis hin zu verheerenden Eruptionen. Sie setzen diese Erfahrungen um. Darin liegen Chance und Risiko zugleich; nutzen wir also die Chancen, und vermindern wir das Risiko!

Im Folgenden einige Zahlenangaben zum Konsum- und Rezeptionsverhalten von Kindern und Jugendlichen:

Es gibt bis heute ungefähr 3.000 Untersuchungen zur Wirkung der Massenmedien Fernsehen und Video. Eines hat sich dabei deutlich herausgestellt: Die einstmals aufgestellte Katharsishypothese war und ist *falsch*. Bei der Katharsis (Selbstreinigung) sollte der Zuschauer durch das Ansehen aggressiver Filme angeblich von eigenen Gewaltbedürfnissen befreit werden, Aggressionen würden vor und mit dem Fernseher abgebaut.

In der BRD haben viele Haushalte inzwischen zwei bis drei Fernsehgeräte. Über 20 % aller sechs- bis dreizehnjährigen Kinder haben einen eigenen Fernsehapparat in ihrem Zimmer. Bei Jugendlichen steigt dieser Anteil auf weit über 30 %. Diese Entwicklung erhielt beispielsweise einen kräftigen Schub durch das Ersetzen der Schwarz-Weiß-Fernseher durch Farbfernseher im elterlichen Wohnzimmer. Heute kann der Wechsel von »Röhrengeräten« zu LCD- oder Plasma-Fernsehern ähnlich verstärkend wirken.

Durchschnittlich 178 Minuten pro Tag sieht ein bundesdeutscher Mensch fern. Jugendliche Vielseher schaffen es am Wochenende leicht, auf zehn Stunden täglich und mehr zu kommen.

Nach 22.00 Uhr sitzen oder liegen 300.000, am Wochenende sogar ein halbe Million Kinder vor dem Gerät.

Ein kurzes Wort zu zwei von Kritikern häufig benutzten Zahlen: Es wird geschätzt, dass SchülerInnen nach zehn Jahren Schulbesuch etwa 15.000 Schulstunden, aber immerhin 18.000 Fernsehstunden hinter sich gebracht haben. Diese Diskrepanz scheint die häufig postulierte Ohnmacht der Schule gegenüber den Wirkungen des Mediums Fernsehen zu dokumentieren. Genauer betrachtet, hält dieser Vergleich nicht, was er verspricht: Schule beginnt erst mit dem vollendeten sechsten Lebensjahr, der Fernsehkonsum hat hier einen beträchtlichen Vorsprung. Aber der Schullalltag endet eben nicht mit dem letzten Klingeln, Schule wirkt viel mehr - und häufig viel zu viel und viel zu lange - im häuslichen Bereich weiter. Wer hat diese Stunden gezählt? Trotzdem ist diese Zahl ein Indiz, wenn zunächst auch nur ein quantitatives, für die sozialisatorische Bedeutung von AV-Medien.

Wichtiger, interessanter und letztlich aussagekräftiger ist bei diesen Zahlen nur der nüchterne Vergleich der Lerneffekte. Und diese müssen differenziert analysiert und bewertet werden. So kann z. B. davon ausgegangen werden, dass in verschiedenen Programmen auch Lehrreiches für Kinder und Jugendliche läuft, das die Schule vernachlässigt oder gar nicht erst anbietet, etwa praktisches Wirtschaftswissen, aktuelle politische Entwicklungen, aber eben auch Entwicklungen in der Rock/Pop-Musik.

Fernseh- und Videokonsum wird nicht nur passiv, sondern auch bewusst-rezeptiv, in Form eines intra-aktiven Lernvorgangs praktiziert.

Der Begriff »intra-aktiv« bezeichnet jene innerlichen Vorgänge, bei denen ich mich mit dem Gesehenen gedanklich auseinandersetze, versuche, das neue mit altem Wissen zu verknüpfen, um es angemessen einordnen zu können. Danach ist ein Austausch mit anderen Zuschauern auf einer qualitativ höheren Ebene möglich.

Jugendliche schauen außerdem deshalb fern, um Muster bzw. Orientierungen für ihre jeweils eigene Lebensgestaltung, für ihre Alltagsbewältigung an die Hand zu bekommen. Jungen suchen dabei zielgerichtet nach Informationen zum Thema »Wie werde ich ein (richtiger) Mann?« Ihnen wird hier reichlich Anschauungsmaterial an traditionellen, idealtypischen Männerbildern geboten.

Mädchen suchen verschiedene und differenzierte Muster bzw. Angebote für ihre Vorstellungen von Frauen-Rollen. Ob dabei die angebotenen gängigen Rollen helfen können, eine eigenständige Identität anhand dieser *Vor-Bilder* herauszubilden, erscheint mehr als fraglich. In der Werbung herrscht das Bild vor: Die immerzu frisch wirkende Mutter kümmert sich kompetent um Kinder, Küche und Kleinkram: »Ich führe ein sehr erfolgreiches, kleines Familienunternehmen!« (TV-Werbung der Firma Vorwerk 2006/07) Auch viele andere Sendungen vermitteln nicht gerade das Bild von eigenständigen, dabei positiv besetzten Frauen-Rollen.

Fernsehen ist für Jugendliche eindeutig ein Familienmedium, denn über 60 % schauen gemeinsam mit den Eltern fern. Fernsehen ist auch ein immens wichtiges Gesprächsthema, sprechen doch weit über 90 % aller Jugendlichen untereinander über das Gesehene. Allerdings tauschen sich lediglich 20 % der Heranwachsenden mit ihren Eltern darüber aus, was sie gemeinsam gesehen haben; LehrerInnen kommen als GesprächspartnerInnen noch seltener in Frage.

Eine frappierende, tief greifende Kommunikationsstörung ist also vorhanden, die vermutlich mit dem Desinteresse der Erwachsenen erklärt werden muss, signalisieren die obigen Zahlen doch das Gesprächsinteresse der Jüngeren.

Im Gegensatz zum Fernsehen ist Video eher ein Cliquen-Medium, das vor allem in der gemeinsamen Runde von Gleichaltrigen konsumiert wird. Gab es bis Mitte der 80er Jahre in jedem vierten Haushalt einen Videorecorder, findet sich nunmehr in bald der Hälfte aller bundesdeutschen Haushalte ein solches Gerät. Auch die Anzahl der Videorecorder im eigenen Zimmer von Jugendlichen ist im Anstieg begriffen, wofür der technische Fortschritt wieder verantwortlich ist. Während in den Wohnzimmern Digitalreceiver mit Festplattenvideorecorder Einzug halten, wandern die »Alt«-Geräte in die Kinder- und Jugendzimmer. Zudem verwischen sich die Grenzen zwischen den Medien Computer, Video und TV bis zur Unkenntlichkeit; denn wenn es nach den Vorstellungen und Wünschen der Unterhaltungsindustrie geht, werden alle drei Medien zukünftig im Sinne eines Centers zentral von einer Hardwarekomponente realisierbar sein. So verleihen Videotheken neben den klassischen Videokassetten eben auch DVDs mit Filmproduktionen, die im Anschluss sowohl auf dem Bildschirm des Fernsehers als auch auf dem Screen des Computers betrachtet werden können. Also muss genau auf die Art der Nutzung geachtet werden und das bedeutet, dass, wenn ich hier von »Video« berichte, dies das Anschauen von aufgezeichneten Filmen meint, seien diese auf Kassette und DVD gespeichert oder per Internet herunter geladen.

Die Beliebtheit des Mediums Video unter Jugendlichen ist damit zu erklären, dass die Nutzer ihr »eigenes Programm« gestalten können. Dies wiederum ist deshalb so attraktiv, da neue Filmproduktionen zunächst für ein halbes Jahr im Kino laufen, anschließend den Videotheken zur Verfügung gestellt und erst danach im Fernsehen publiziert werden dürfen.

Eine Variante des Videokonsums ist das Erstellen von kleinen Videofilmen per Handy, das so genannte »happy-slapping« (= lustiges Balgen). Diese Filme ähneln den im Internet illegal zum Download zur Verfügung gestellten »Snuff«-Filmen, weil auch hier Realität aufgezeichnet wird, in der die Darsteller zu Schaden kommen.

Hierbei nehmen Jugendliche Prügeleien ihrer Gleichaltrigen oder eben selbst inszenierte Prügelorgien auf. Dabei handelt es sich um Gruppen, die einen einzelnen Jugendlichen über längere Zeit drangsalieren und körperlich misshandeln und dies im Film dokumentieren. Zur Selbstbestätigung innerhalb der Gruppe, aber auch, um unsichere, zögernde Mittäter bei der Stange zu halten und ebenso, um in ihrer Umgebung prahlen zu können, werden diese grässlichen Kurzfilme mittels Bluetooth-Technik gratis und problemlos von Handy zu Handy übertragen. Neben dem Stolz auf ein eigenes Programm tritt die Effekthascherei in der jeweiligen peer group weit in den Vordergrund.

Zurück zum klassischen Videokonsum: Obwohl das Ausleihen von Videos in den »interessanten« Bereichen der Videotheken erst ab 18 Jahren erlaubt ist, stellt dies für Jugendliche kein ernst zu nehmendes Hindernis dar, an gewünschte Filme heranzukommen. So sind etwa 20 % des Videokonsums von Jugendlichen indizierte Filme, also Angebote, die laut der »Bundesprüfstelle für jugendgefährdende Schriften« für Heranwachsende nicht geeignet sind.

Neben Fernsehen und Video kommen als weitere und expandierende Sparte die TV-Computer-Spiele hinzu. Diese Spiele werden von ca. 85 % der Kinder und Jugendlichen genutzt: Über 50 % von ihnen spielen gemeinsam.

Diese Fakten bilden die notwendige Grundlage für eine realistische Betrachtung der Medienrezeption und deren Wirkungen auf die heutigen Kinder und Jugendlichen.

So genannte Vielseher kommen im großstädtischen Raum doppelt so häufig vor wie auf dem Land. Unter ihnen sind zweimal so viele Jungen wie Mädchen. Dasselbe Verhältnis besteht auch zwischen HauptschülerInnen und GymnasiastInnen.

Während Jugendliche auch abends fernsehen, gucken Kinder vor allen Dingen während des Nachmittags und am Vorabend. Am Wochenende läuft sogar bereits ab sechs Uhr in der Frühe der Fernseher, schließlich wollen die Älteren ausschlafen, und die Privatsender bieten ein vom Werbegedanken durchdrungenes »Breakfast-TV-for-Kids«!

Bedenkliche oder gefährliche Entwicklungen sind immer dann festzustellen, wenn Kinder oder Jugendliche vereinsamte Zuschauer sind, die Stunde um Stunde dem Geschehen im Fernsehen folgten.

Um uns nun den tatsächlichen Sehgewohnheiten von Jugendlichen und Kindern zu nähern, müssen wir Älteren uns fragen, was sie denn am liebsten sehen.

Hier die Hitliste:

1.) Action-Film
2.) Science-Ficton-Film
3.) Gruselfilm
4.) Musik- und Liebesfilm
5.) Western.

Unter ferner liefen folgen:

8.) Horrorfilm
9.) Porno

Obwohl diese in der Hitliste weit hinten zu finden sind, kennen über zwei Drittel aller Jugendlichen Horrorfilme. Und da bei vielen Eltern und Pädagogen sowohl die Angst vor diesem Genre als auch die Unwissenheit über die Machart dieser Filme groß ist, soll hier zunächst diese Filmart kurz erläutert werden.

Dieses Genre boomt in Europa erst seit der Mitte der 80er Jahre und wird nach wie vor vorwiegend in den USA produziert. Horrorvideos werden oft in der Clique geschaut, wobei die Motivation zunächst aus Neugier, Mitmachen oder Gruppenzusammenhalt bestehen kann. Gerade »Horror-Cliquen«, so wurde herausgefunden, sind Gruppen, die sich ein- oder zweimal pro Woche solche Filme ansehen, die sich ansonsten aber aus äußerst aktiven Jugendlichen in Bezug auf eigene Freizeitgestaltung zusammensetzen.

Das Grundschema eines Horrorfilms ist fast immer gleich: Über eine junge, glückliche Gruppe bricht plötzlich und unerwartet das Unheil herein. Dieses ist immer unfassbar, unerklärlich, ja geradezu mystisch. Die Begründung wird erst spät nachgereicht, oftmals hat eine/r aus der Gruppe in der Vergangenheit schwer gesündigt. Gegen das Unheil, das Böse, muss mit aller Kraft gekämpft werden, am Ende siegt immer das Gute, dargestellt als die Unschuld (manchmal sogar die vom Lande), die Reinheit, verkörpert als unschuldiges Kind, als untadeliger Jugendlicher oder als »puritanisches« Mädchen.

Horrorfilme bieten keine Ruhe, keine Zeit zum tatsächlichen Entspannen, es wird von Szene zu Szene, von Schock zu Schock gehechelt, die lediglich durch kurze Pausen, in denen die dünne Story weitergeführt wird, verbunden sind. Beim Einsetzen der Musik, so wissen die Kenner der Szenerie, beginnt der Nervenkitzel erneut.

Mit Ausnahme des reinen, unschuldigen Mädchens, das bisweilen die Rettung vor dem Bösen erreicht, sind die weiblichen Rollen zumeist negativ besetzt - gleich ob als schwache (Opfer, Sünderin) oder als starke Rolle (Hexe).

Trotz dieser nicht erwünschten »Vorbilder« schauen Mädchen/ weibliche Jugendliche Horrorfilme im Kreise ihrer Freunde mit. Lediglich ein Fünftel der Mädchen probiert Horrorvideos selbst aus. Werden diese Filme in der Clique konsumiert, so »dürfen« Mädchen/ weibliche Jugendliche ihre Ängste offen zeigen und sich dann bei ihrem »Beschützer« (=Freund) ankuscheln. Auch so werden tradierte Rollenbilder eingeübt.

Da Mädchen sowohl bei Action- als auch bei Horrorfilmen mehr auf Zustände achten, während die Jungen sich an Gegenständen interessiert zeigen, bringt ihnen der Horrorfilm keinen Gewinn: Entweder sind sie als schwache Abziehbilder, als starke Hexen oder als bösartige, sündigende Mütter dargestellt. Diese Rollen bieten keinerlei positive Identifikationsmöglichkeiten, im Gegenteil, sie bestätigen den Mädchen/weiblichen Jugendlichen die tagtäglichen realen (männlichen) Bedrohungen, nämlich Verfolgung und Missbrauch. Die meisten Filme dieses Genres sind zutiefst Frauen verachtend.

Jungen dagegen gewinnen zum Teil Orientierungen für ihr eigenes Rollenverständnis, denn die sich hier widerspiegelnden Machtverhältnisse interessieren sie durchaus. Bei den positiven Helden achten sie verschärft auf deren Techniken, während Mädchen sich mit männlichen Helden identifizieren können, wenn diese ein positives Sozialverhalten an den Tag legen und gut aussehen.

Oftmals ist bei Jungen eine Art »Angst-Lust« vorzufinden, das heißt, sie verspüren eine unheimliche Lust, die eigene Angst zu besiegen. Eine Triebfeder dieser Angst-Lust ist der Fakt, dass *man* sich dabei auch selbst spürt (Körpererfahrung). Hat man genügend trainiert, seine Angst abzubauen, steigt man in der sozialen Hierarchie der Clique auf. So sollen viele Jungs nach häufigerem Konsum von Horrorfilmen nur noch an den filmtechnischen Raffinessen interessiert sein.

Eine ähnliche Konstruktion können, kurz gefasst, auch Action-Filme aufweisen; sie sind die unter Jugendlichen beliebtesten Genres. Da kämpft ein nahezu gottähnlicher Held (selten eine Heldin), z. B. ein Polizist, für das Gute, etwa für ein sauberes Vaterland, gegen das Böse und Schlechte, wie gegen Linksterroristen, Korruption, Verräter. Manchmal muss der Polizist sogar seinen Job aufgeben, um einen Kollegen zu rächen. Stirbt er, dann nur auf dem Feld der ewigen Ehre, seine scheinbar blütenweiße Weste wird an einen Würdigen, oftmals den Sohn, weitergegeben.

In den »Eastern«, den Kung-Fu-Filmen usw., müssen wunderschöne, knabenhaft wirkende Helden ihren Körper asketisch stählen, um gegen das Böse gewinnen zu können bzw. um eine Meisterprüfung zu bestehen.

Allen Filmen dieser Genres liegt ein simplifiziertes Gut-Böse-Schema zugrunde. Der Mythos des positiven Helden wird propagiert, der die Gewalt des Bösen ausschließlich mit der Macht des Guten bekämpft, die in aller Regel Gewaltanwendung mit einschließt.

Wie wirken diese Filme nun auf Kinder und Jugendliche?

Grundsätzlich, und dies gilt für Mädchen wie für Jungen, muss festgestellt werden, dass jeder Mensch Filme je nach eigener Disposition wahrnimmt. So erkennen Kinder und Jugendliche, die geschlagen werden, also körperliche Gewalterfahrungen machen mussten, psychische Gewalt in Filmen eher nicht. Es wird sowieso viel früher körperliche, denn seelische Gewalt in Filmen wahrgenommen.

Die Gewaltschwelle ist bei Mädchen deutlich niedriger als bei Jungen: Kennzeichen für Gewalt sind für Jungen drastische Verletzungen/Beschädigungen; Mädchen erkennen als Gewalt, wenn zwei Menschen sich schlagen.

Bemerkenswert ist auch, dass die meisten Jugendlichen Gewalt klar ablehnen, sie aber als tragendes, wichtiges Mittel zur Erzeugung von Spannung für absolut notwendig erachten. Diese zwiespältige Verhaltensweise wird derart gerechtfertigt, dass ältere Jugendliche behaupten, Gewalt im Fernsehen und/oder Video habe ihnen nicht geschadet, aber jüngere Menschen müssten davor geschützt werden! Hinter dieser widersprüchlichen Haltung steckt oft die Wiederentdeckung, das Wiedererspüren der alten Ängste, die im Nachhinein noch einmal besiegt werden müssen. Oder es ist die Projektion aktuellen Befindens auf die Jüngeren, die zu dieser Einstellung führt.

Noch ein interessantes Moment:

Je realitätsnäher die Opfer, je deutlicher ihre psychischen und physischen Verletzungen gezeigt werden, umso schneller und konsequenter schalten Jugendliche ab. Auch hier gilt: Das Opfer und seine Folgen sind tabu! Für junge Menschen ist es unerträglich, dies zu sehen.

Deswegen erscheinen die Opfer und ihr Leiden in Horror- und Actionfilmen äußerst selten! Blutspritzer aus Ketchup an der Wand? Ja! Klaffende Wunden, sich vor Schmerz windende Menschen, nicht enden wollende Trauer? Nein!

Genauso wird eine mystifiziert auftretende Gewalt nicht lange ertragen. Dies löst massive Ängste bis hin zur Verfolgungsangst aus. Gerade bei Zuschauern von Horrorfilmen ist zu beobachten, dass sie nach dem Ende des Films körperlich verkrampft und von tiefer Angst erfüllt sind. Sie sind von Ohnmachtsgefühlen durchdrungen. Nach außen gerichtete Aggressivität ist nur selten anzutreffen, eher selbst zerstörerische Gedanken und Phantasien.

Bei den Rezeptionsmechanismen können wir zwischen so genannten »altsinnlichen« und »neusinnlichen« Menschen unterscheiden. Die Grenze zwischen beiden Gruppen verläuft bei den heute etwa Vierzig- bis Fünfzigjährigen.

Altsinnliche Menschen legen in hohem Maße Wert auf Kultur, sind von der Maxime geleitet, alles mit dem Kopf erfassen und erledigen zu können, sie haben ihre Gefühle (möglichst) im Griff. Sie hatten eine relativ überschaubare Jugend, ihre alltäglichen Erfahrungen mit ihrer Umwelt waren einzuordnen. Dies führte auch dazu, dass sie seriell wahrnehmen, das heißt, dass sie eines nach dem anderen aufnehmen, verarbeiten, speichern. Die Aufmerksamkeit wird also auf ein Faktum fokussiert.

Zu den neusinnliche Menschen müssen wir die meisten Kinder und Jugendlichen zählen; sie können vieles simultan - also gleichzeitig - wahr- und aufnehmen. Sie müssen dieses wegen der heutigen Fülle von Umweltreizen können, die wie ein Kaleidoskop auf sie einwirken, vielleicht sogar einstürzen. Dadurch entsteht vielfach allerdings nur ein oberflächliches, also nicht tief greifendes Bild des Wahrgenommenen.

Dem scheint zu entsprechen, dass viele Jugendliche in ihrer Lebensgestaltung aktivistisch sind, sie organisieren sich vieles nebeneinander. Drei Partys am Samstagabend, die auch alle besucht werden, sind da keine Seltenheit.

Versuchen Sie einmal, in einer siebten Klasse für gemeinsame Freizeitaktionen einen allseits akzeptierten Termin zu finden!

Dieser veränderten Umweltwahrnehmung entsprechen beim Medium Fernsehen/Video/Computer die so genannten Video-Clips am meisten: kleine Geschichten, musikunterlegt, hohe Dichte an Szenen, viele Schnitte (im Bereich der Musik ist es der »Techno«).

Jugendliche erkennen vieles, können eine Menge interpretieren, womit wir Erwachsene uns schwer tun. Diese veränderte Wahrnehmung verstärkt nahezu das Phänomen, dass Kinder und Jugendliche oft keine zusammenhängenden Inhaltsangaben über einen gesehenen Film machen können. Sie erinnern sich aber an drastische Szenen und an überraschende Wendungen.

Wir altsinnlichen Menschen müssen endlich die »neusinnliche«

Rezeption von Umweltreizen verstehen, akzeptieren und unserer Lehrmethoden darauf ausrichten. Gerade der Fernseher, bisweilen auch das Medium Video, wird nämlich für jüngere Menschen immer mehr zum *Nebenbei-Medium*. Jugendliche erleben eine ganze Menge nebenbei, wenn sie zum Beispiel eine samstagabendliche Filmsession begehen: Pizza holen und essen; kuscheln und knutschen; unterhalten und schlummern; lachen und toben; zwischendurch andere besuchen gehen. Das Fernsehen wird oder ist für sie das, was für uns das Radio ist - Information und Unterhaltung nebenbei.

Am Rande bemerkt: Im letzten Jahrhundert des vergangenen Jahrtausends drohte die damalige Jugend angeblich deshalb kulturell zu verkümmern, weil sie so viele Bücher las; seit den 20er Jahren des 20. Jahrhunderts wurden dem Medium Radio nur negative Begleit- und Folgeerscheinungen angedichtet. Die Rolle des Schädlings übernahm das Fernsehen etwa ab den 60er Jahren. ICE-Benutzer von heute mögen sich einmal sachkundig machen, welche gravierenden gesundheitlichen Schäden zu Beginn des Eisenbahnzeitalters dem Eisenbahn fahren vorausgesagt wurden. Seit Beginn der laufenden Dekade muss der Computer in Form der Nutzung des Internets und von Spielen für die Rolle des Bösewichts herhalten.

Sehr oft haben diese Arten von Schuldzuweisung eine bloße Entlastungsfunktion. So gab es z. B. in der BRD 1971 die erste große Debatte über Gewalt im Fernsehen, die erst dann ein vorläufiges Ende fand, als der bekannte Psychoanalytiker Horst-Eberhardt Richter im SPIEGEL (vgl. Heft 49/1971, S. 158) in einem Interview Bedingungsfaktoren aufzeigte, wie Gewalt durch das Fernsehen einseitig funktionalisiert wird. Was war der Anlass der Diskussion, worum ging es damals? Heute kaum glaubhaft, ehr lachhaft: Kritiker versuchten ernsthaft, die Sendung SESAMSTRASSE den deutschen Fernsehkindern vorzuenthalten.

Auf einen letzten Aspekt der möglicherweise negativen Auswirkungen des TV-Konsums sei zum Schluss dieses Kapitels hingewiesen. Ein extensiver, einsamer Fernsehkonsum kann, wenn andere Faktoren wie z. B. die »Wohlstandsverwahrlosung« hinzukommen, durchaus negative Folgen zeitigen. Diese können durch Lerneffekte entstehen und gefördert werden, die sich unter dem Begriff »geheimer Lehrplan« zusammenfassen lassen. Lerneffekte eben, die nebenbei mit erzielt werden.

Der Fernseher signalisiert gerade jüngeren Kindern und Jugendlichen permanent: »Mach mich nicht aus - ich zeige dir die große weite Welt - ich bin bunt - ich kann alles!«.

So bleiben die Kinder Stunde um Stunde vor dem Kasten und können ihre motorischen Bedürfnisse nicht ausleben. Das merken wir dann in der Schule beim MMS, beim »Montag-Morgen-Syndrom«, wenn die Kinder wie aufgedreht über Tische und Bänke gehen. Die Gefahr, dass Vielseher eine passive Lebensgestaltung entwickeln, ist nicht von der Hand zu weisen, wobei die grundlegende Frage immer zu beantworten bleibt: Warum werden Kinder und Jugendliche zu Vielsehern, wer oder was macht oder drängt sie dazu?

Was meint aber nun der Begriff »geheimer Lernplan«? Was lernen die Kinder nebenbei? Nehmen wir noch einmal die Actionfilme, das beliebteste Genre. Wo und wann gibt es regelmäßig diese Filme? Bevor sie von den Talkshows verdrängt wurden, gab es sie jeden Nachmittag – und am Vorabend als Serie, vornehmlich bei den Privaten.

Die Serien dauern, mit oder ohne Werbung, um die 45 Minuten. Es fehlt eigentlich nur das Klingeln am Anfang und am Ende. Die Grenzen zwischen Realität und Fiktion verschwimmen in diesen Filmen an der Stelle, wo selbst ein noch so kompliziertes Problem in kürzester Zeit (= 45 Minuten) gelöst wird. Es wird also eine schnelle Problemlösung auf dem Hintergrund eines Schwarz-Weiß-Schemas suggeriert.

Das Böse wird immer auch mit Gewalt besiegt, der Held darf die Grenzen des Legalen überschreiten, der Zweck heiligt die Mittel. Gewalt wird ideologisch gerechtfertigt, der Nahkampf triumphiert über die Nächstenliebe!

Dies kann eine problematische Langzeitwirkung haben, wenn die TV-Erfahrungen synchron zu den eigenen, realen Erfahrungen verlaufen, mit ihnen korrespondieren.

Wenn nun aber der pädagogische Zeigefinger von Eltern oder Lehrern erscheint oder ein Stromausfall für eine dunkle Mattscheibe sorgt, was passiert dann?

Was passiert, wenn im großstädtischen, eingeengten Raum nur die Straße bleibt, wenn Freizeitangebote oder Platz zur Eigengestaltung fehlen? Dann wirkt der eigene Alltag, die eigene Umwelt grau und eintönig, völlig banal. Da kommt kein T.J. Hooker mit Hubschrauber und »spritzt« mit seiner MP die Langeweile weg, auch der »B.A.« vom »A-Team« bombt die Probleme nicht fort.

Eine **Banalisierung** der eigenen Umwelt, entstanden auch durch ein emotionsloses Aufwachsen im Kreise der (Ersatz-) Familie, mangelnde Möglichkeiten der Freizeitgestaltung, einsame Vielglotzerei, verbunden mit der Akzeptanz von Gewaltverherrlichung sowie realer Gewalterfahrung, kann dazu führen, dass solche Jugendliche eben selbst Action produzieren und hierbei auch auf das Mittel der Gewalt zurückgreifen.

Wie also muss die Rolle dieser Medien letztlich bewertet werden? Was bleibt festzuhalten? Meine persönliche Erfahrung ist die, dass eine generelle Verdammung der elektronischen Medien, der Privatsender und des Videofilmkonsums bzw. -angebots unsinnig ist. Diese Medien sind Bestandteil eines Marktes, der auch deshalb so gut funktioniert, weil es genügend Erwachsene über 18 Jahre, aber auch Kinder und Jugendliche aller Nationalitäten gibt, die ihre Bedürfnisse befriedigen, wobei sich vermeintliche oder subjektive Bedürfnisorientierung nur nach dem Angebot richten kann. Das soll heißen: Gäbe es andere Filme, lägen auch die Vorlieben anders. Keine Videothek böte andererseits aber weiterhin Pornos, die bis zu einem Viertel des Angebots stellen, Horror- oder Gewalt verherrlichende Filme an, gäbe es nicht ausreichend Interessenten, die tagtäglich diese Genres einfordern! Wenn dies aber so ist, dann stellt sich die folgende Frage: Wie steht es mit Sexualität und Körpergefühl, wenn Pornos als Kick gebraucht werden? Das gleiche gilt für das Angebot der Privatsender:

Womit hat z. B. RTL die Zuschauer einst angelockt und eingefangen, als der Sender von der Nische Kabelfernsehen in die breite extraterrestrische Fernsehwelt der Bundesrepublik wechselte? Einerseits durch die Dauerwerbesendung »Der Preis ist heiß«, andererseits mit der Voyeur-Sendung »Tutti-Frutti«.

Bei dem »heißen Preis« ging es darum, genau zu wissen, wie viel ich für Fischstäbchen einer bestimmten Marke in einem bestimmten Discount-Markt bezahlen muss, um letztlich mit immer neuen »Preiskenntnissen« den Hauptpreis (bis zu einer Höhe von 30.000 bis 40.000 EURO pro Sendung) zu gewinnen. Diese Sendung wurde zunächst gezielt gegen 17.00 Uhr ausgestrahlt, in der so genannten und heiß begehrten »Familiensendezeit«. Nachdem die Einschaltquoten dramatisch sanken, verschwand der »Preis« aus dem Vorabendprogramm und wurde auf den Vormittag verschoben, also in die von Profis so betitelte »Rentnersendezeit«!

Der Show »Tutti-Frutti«, bei der sich Zuschauer darum rissen, sich durch Entblößen zu entblöden, erging es noch ärger! Zunächst wurde diese gern gesehene Show freitags gegen 22.00 Uhr (vielleicht die Betthupferl-Sendezeit?) gezeigt. Dann sanken auch hier die Quoten, die Sendung wurde nur noch mitten in der Nacht - gegen vier Uhr - dargeboten, also nur noch etwas für »Hartgesottene«, bevor sie letztlich klammheimlich von der Bildfläche verschwand. (Anmerkung: Natürlich warf »Tutti-Frutti« ein grelles Schlaglicht auf den subjektiven Publikumsgeschmack vieler Schichten, aber diese Seh-Vorlieben zeigen eigentlich und dies spiegelverkehrt, woran es diesen Zuschauern so sehr mangelt.)

Wenn der bei allen Sendeanstalten in der Regel gut informierte »Flur- bzw. Flüsterfunk« nicht völlig daneben lag, dann wurde selbst dem anscheinend unangreifbaren Medienstar Thomas Gottschalk einst im Herbst 1993 von RTL die Pistole auf die Brust gesetzt: Entweder würde er eine Quote von 1,5 Millionen Zuschauern pro Abend schaffen oder - Schluss! Postwendend gab es bei seiner »Late-Night-Show« ein neues Konzept, so dass die Anzahl der Einschaltungen stimmte. Letztlich hat es ihn – und auch andere Matadore des Showgeschäfts – doch getroffen. Seitdem darf er wieder im ZDF (altbacken) wirken. wer erinnert sich heute noch an Thomas Koschwitz? Genau wie er verschwand auch eine gewisse Frau Schreinemakers im Dunkel der Mattscheibe.

Dies zeigt, wie konsequent Angebot und Nachfrage korrelieren, und dies nicht nur bei RTL; der Sender sollte nur als Beispiel dienen, weil er neuere Entwicklungen bisher am schnellsten umsetzt.

Gewalt, der wir hier und bei anderen medialen Anbietern begegnen, wird häufig genug von den Zuschauern in dem Sinne gewünscht oder sogar gefordert, um verführt zu werden, einzuschalten und dranzubleiben (»Abschalten können Sie woanders«, ZDF-Slogan 1996).

Es gibt bei den Medien Fernsehen, Computer und/oder Video äußerst bedenkliche Entwicklungen, die nicht verschwiegen werden sollen. Diesen Medien aber die Alleinschuld für das Anwachsen von Gewaltbereitschaft in Form eines monokausalen Erklärungsansatzes zu geben, wäre falsch.

Bereits 1979 äußerten Bergler/Six (Psychologie des Fernsehens, 1979, S. 208f) zur Frage, ob das Fernsehen aggressiv bzw. gewalttätig mache, folgendes: »Es kann von der Annahme einer sekundären und reversiblen Aggression steigernden Wirkung von Gewaltdarstellungen im Fernsehen auf Kinder und Jugendliche dann berechtigterweise ausgegangen werden, wenn bestimmte Voraussetzungen als gegeben anzunehmen sind, wie z. B. eine starke Aufmerksamkeit der Kinder während des Fernsehens, häufiger Fernsehkonsum, ein aufgrund des soziokulturellen Kontextes bedingtes erhöhtes Konflikt- und Aggressionsniveau, eine soziale Umgebung, die aufgrund ihrer Normen, Einstellungen und Verhaltensweisen eine Basis für eine starke Beeinflussbarkeit durch Gewaltdarstellungen bietet, bestimmte Sozialisationseffekte, die dazu geführt haben, dass eine Person von ihrer Umwelt isoliert und auf Informationen durch das Massenmedien Fernsehen angewiesen ist, sowie bestimmte Charakteristika der Fernsehsendungen selbst.«

Was hat sich daran eigentlich geändert?

Wenig!

Vielmehr kann diese Analyse fast dreißig Jahre nach ihrer ersten schriftlichen Fixierung nahezu unverändert für den Konsum von gewaltförmigen Computerspielen übernommen werden!

Wenn ein junger Mensch mit seinen Spielen vereinsamt und weder Eltern, Verwandte, Bekannte, Freunde oder andere Menschen zum kommunikativen Austausch zur Verfügung hat; wenn obendrein die so genannten »Ego-Shooter-Spiele«, deren Charakteristika das Aufbauen eines virtuellen Egos durch das ständige Erschießen von vermeintlichen Todfeinden durch den Spieler (»Shooter«) gekennzeichnet sind, die am meisten angewendeten Spiele sind. Wenn dann ein geringes oder schwer beschädigtes Selbstvertrauen mit einem eingeschränkten Konfliktbewältigungspotential einhergeht und sich obendrein mit einem persönlichen Tiefschlag, der als existentielle

Bedrohung empfunden wird, konfrontiert sieht, - dann, ja dann, kann es zu so schrecklichen Ereignissen wie in Erfurt und Emsdetten kommen. (s. o. »Die Schule«, Amokläufe.)

Dieser Gesamtkomplex, die Verkettung von unglücklichen und schädlichen Umständen, ist aber weit davon entfernt, eine monokausale Verurteilung audio-visueller Medien modernster Prägung zu rechtfertigen.

Diese Schlussgedanken sollten eines noch einmal drastisch verdeutlichen: Gewalt im Fernsehen, Computer und/oder Video wirkt dann negativ auf einen Menschen, egal ob jung oder alt, wenn alle anderen sozialen Bereiche kläglich versagen!

Zusammenfassung - Ursachen

Zunächst ist es immens wichtig festzustellen, dass Frustrationen und Aggressionen nicht nur in der Familie, nicht nur in der Schule, nicht nur in der Freizeit und schon gar nicht nur durch die Medien entstehen, sondern dass ihre Entstehung und Verfestigung als ein ursächliches Ineinanderwirken der verschiedenen Lebensbereiche der Menschen verstanden werden muss.

Oft sammeln »verhaltensauffällige« Kinder und Jugendliche negative Erfahrungen in allen genannten Lebensbereichen, dabei wäre schon viel gewonnen, wenn sie in zwei dieser für sie existentiellen Komplexe Rückhalt und Ruhe erleben dürfen.

Dies bedeutet aber, dass die betreffenden Erwachsenen konstruktiv zusammen-, keinesfalls nebeneinander- und schon gar nicht gegeneinander arbeiten dürfen. Ihr persönlicher Einsatz und ihre Bereitschaft, sowohl anderen Menschen Kompetenz zuzubilligen als auch die eigenen Kompetenzen zu erweitern, also sich zu öffnen, ist durch nichts zu ersetzen.

Exkurs: Rechtsextremismus

Warum ein Extra-Kapitel zum Rechtsextremismus in einem Buch über Gewalt? Ist Rechtsextremismus nicht schlechthin Gewalt? Und wenn nicht, ist Gewalt bzw. latente oder manifeste Gewaltbereitschaft denn nicht eine unabdingbare Grundvoraussetzung für jeden rechtsextrem orientierten Menschen? Oder ist gar jede Gewaltanwendung zumindest reaktionär, wenn nicht per se rechtsextremistisch, weil in letzter Konsequenz menschenverachtend?

Rechtsextrem motivierte Gewalttaten sind eine besondere Form der Gewaltanwendung. Daneben gibt es natürlich auch andere, weniger spektakuläre Formen von Gewaltanwendung.

Dass allerdings eine zumindest latent existierende Gewaltbereitschaft eine individuelle psychische Disposition ist, die für alle Alt- und Neofaschisten eine notwendige Voraussetzung ist, soll belegt werden.

A. Situationsbeschreibung

Rechtsextremismus definiert der Berliner Rechtsextremismusforscher Richard Stöss als einen Sammelbegriff, »der alle Erscheinungsformen des öffentlichen Lebens umfasst, die sich gegen fundamentale Prinzipien des demokratischen Verfassungsstaates richten.« Kurz, knapp und vollkommen richtig resümiert Stöss: »Rechtsextremismus ist Demokratiefeindlichkeit« (Stöss 1989, S. 18). Rechtsextremismus stellt demzufolge also eine Gesellschaft gestaltende Konzeption dar, die sich elementar und fundamental gegen jede liberale, sozialistische oder gar kommunistische Tradition wendet. Eigentümlich ist ihm ein völkischer, ethnozentrierter Nationalismus, dem alle anderen Ziele und Werte untergeordnet sind. Vorbild ist der SS- und Führerstaat Adolf Hitlers. Außenpolitisch werden neben der Wiederherstellung der deutschen Grenzen von 1937 (manchmal auch die Grenzen von 1943, als Truppen der deutschen Wehrmacht bis zum Kaukasus vorgedrungen waren) weitere Gebietsforderungen gestellt.

Grundgedanke auch des »modernen« Rechtsextremismus ist ein von den Sozialdarwinisten geprägter Begriff einer völligen Ungleichheit verschiedener Menschen bzw. Menschenrassen, also der Rassismus.

Eng verwandt mit dem Rassismus ist das Phänomen »Sexismus«, der die angebliche Überlegenheit des Männlichen über das Weibliche behauptet. Auch der Sexismus grenzt aus; körperliche Unterschiede werden gewichtet und gewertet, - zum Nachtteil von Mädchen und Frauen. Dass tagtäglich versucht wird, das Postulat der männlichen Überlegenheit in unserer Gesellschaft real umzusetzen, bedarf keines expliziten Nachweises.

Nicht das Benennen von körperlichen Unterschieden, z. B. Schwarz-Weiß oder Frau-Mann, ist schon rassistisch/sexistisch, sondern die einseitige, lediglich zum Nachtteil einer Seite durchgeführte *Bewertung* solcher Differenzen; die unterstellte Überlegenheit der eigenen Nation bzw. des Männlichen ist dabei mehr oder weniger ausdrücklich mit einem Herrschaftsanspruch verbunden.

Von beiden Erscheinungen, dem Rassismus und dem Sexismus, existiert und schlummert manches Element in unser aller Unterbewusstsein. Beide Phänomene erklären auch, warum gerade jüngere männliche Jugendliche für den Rechtsextremismus so anfällig sind, bietet *man* ihnen doch eine vermeintlich doppelte Stärke: als Weißer (Arier) und als Mann. Hinzukommt das diffuse Gefühl von Zusammengehörigkeit und Überschaubarkeit in den völlig auf sich bezogenen und von sich maßlos überzeugten Männerbünden.

Rechtsextremismus ist vor allem für männliche Jugendliche interessant und attraktiv, das heißt aber nicht, Frauen und Mädchen wären dort nicht anzutreffen. Sie bleiben aber in der Minderheit und sind oft von wichtigen, auch gruppendynamischen, Aktivitäten ausgeschlossen: saufen, raufen und randalieren.

Zur psychischen Ausstattung eines »echten« rechtsextrem orientierten Menschen gehört eine latent oder manifest auftretende Gewaltbereitschaft. Gewalttätigkeit kann quasi als Eintrittskarte gelten, oder sie kann später als überzeugender Beweis der rechten Gesinnung dienen. Je höher jemand in der Hierarchie der neonazistischen Gruppen aufgestiegen ist, umso weniger direkte Gewalt wird er/sie noch selbst anwenden. Dies hat einen einfachen Grund: Ein kleiner oder größerer Führer einer rechtsextremen Partei, Gruppe oder Sammlung erreicht ein gewisses Maß an Bekanntheit. Und nichts scheuen solche Repräsentanten rechtsextremer Parteien mehr, als mit konkreten Gewalttaten in Zusammenhang gebracht zu werden. Dies bedeutet aber nicht, dass sie und ihre Gruppierungen mit Ausschreitungen und Pogromen nichts zu tun haben. So waren B. E. Althans aus München, Christian Worch aus Hamburg und Ingo Hasselbach aus Berlin, der sich inzwischen vom Rechtsextremismus losgesagt hat, größtenteils in Rostock-Lichtenhagen anwesend, agierten aber im Hintergrund.

B. Erscheinungsformen

Hinsichtlich der Erscheinungsformen des Rechtsextremismus muss eine wichtige Unterscheidung getroffen werden, die zwischen Einstellungen und Verhalten.

Bereits Anfang der 80er Jahre brachte die von der Bundesregierung in Auftrag gegebene Sinus-Studien, die lange geheim gehalten wurde, an den Tag, was viele bereits vermuteten und andere überhaupt nicht wahrhaben wollten: Bei ca. 12 - 15 % der Bewohner der BRD kann von einem manifestierten Denken und Leben nach rechtsextremen Orientierungen gesprochen werden. Dieser Prozentsatz verteilt sich auf alle Schichten, Klassen und Gruppierungen unserer Gesellschaft. Träger solcher Orientierungen führten der Studie zufolge kein gesellschaftlich randständiges Leben und sie waren sogar auch innerhalb der Gewerkschaften und der SPD zu finden. Wer sich an die

Anfänge der Partei DIE GRÜNEN erinnert, der weiß, dass sich Ende der 70er/Anfang der 80er Jahre mancher Alt- oder Neonazi hier ein Betätigungsfeld erhoffte, denn den Naturschutzgedanken gibt es nicht nur in linker Form, sondern auch in einer rechten Variante.

Allerdings schwankt der prozentuale Anteil der Menschen mit einem geschlossenen rechten Weltbild bisweilen erheblich; rechtsextreme Einstellungen setzen sich nicht unbedingt direkt in rechtsextremistisches Verhalten um. Deshalb gibt es bei weitem mehr Menschen mit rechten Orientierungen als solche, die ihre Gesinnung auch durch Worte und Taten nach außen hin zeigen.

Umgekehrt gilt auch:

Rechtsextremes Verhalten muss nicht immer auf ein entsprechendes Weltbild hinweisen! Eine Hakenkreuzmalerei oder ein Hitler-Gruß in der Schule können beispielsweise auch als reine Provokation gemeint sein und müssen nicht zwangsläufig einen rechtsextremistischen Hintergrund aufweisen. Es kann ein Protestverhaltensein oder sogar ein zielgerichtetes politisches Verhalten. Möglich ist aber eben auch eine bloße unreflektierte Nachahmung von Handlungen anderer. Es ist jedoch wichtig, auch solche oberflächlichen Erscheinungen ernst zu nehmen und – der Situation angemessen - darauf zu reagieren.

Häufiger haben wir es aber mit einem Protestverhalten als mit politischem Verhalten zu tun, wie die schon 25 Jahre alte Untersuchung einer Forschungsgruppe der Freien Universität Berlin an dortigen Schulen belegte. Selbst wenn diese Untersuchung schon über zwei Jahrzehnte alt ist, bleibt sie aktuell: eine gleich oder ähnlich angelegte neuere Studie gibt es nicht bzw. ist nicht bekannt geworden. Vielmehr wird von den meisten WissenschaftlerInnen darauf abgehoben, was Schule im Sinne einer Erziehung zu demokratischen Verhalten leisten kann und soll (so auch Wilhelm Heitmeyer, Deutsche Studien, Folge 4, S. 108ff, Bielefeld 2006). Die Wissenschaftler fanden heraus, »dass das Ausmaß von Protestverhalten das von zielgerichtetem politischem Verhalten um ein Vielfaches übersteigt. Pronazistisches Protestverhalten, das kann ohne Übertreibung festgestellt werden, *kommt an fast allen Berliner Schulen der Sekundarstufe I und II ständig vor.* Dabei handelt sich vor allem um Schmierereien und ›Sprüche‹«.

(Dingel et al. ›82, S. 65) Solches Protestverhalten tritt größtenteils in den Klassenstufen acht, neun und zehn auf.

Eine erste interessante Differenz zwischen zielgerichtetem und protestierendem Verhalten zeigen Dingel u. a. wie folgt auf: »Auf der Ebene des Protestverhaltens gibt es keine geschlechtsspezifischen Unterschiede, mit zielgerichtetem politischem Verhalten sind jedoch überwiegend Jungen aufgefallen: Die rechtsextremen Jugendgruppen sind meist Jungengruppe.« (Dingel et al.‹82, S. 66) Holthusen/Jänecke stellen im Frühjahr 1994 dazu fest, dass sich die oben beschriebene Situation nicht grundlegend geändert habe.

Eine weitere Variante rechtsextremistischen Verhaltens spiegelt sich im jeweiligen Wahlverhalten wider. Trotz mancher (prozentualer) Einbrüche auf Seiten der rechtsextremen Parteien kann von einer Entspannung bei den Wahlergebnissen keine Rede sein.

Bei den Berliner Abgeordnetenhauswahlen vom Januar 1989 zog erstmals seit den 70er Jahren wieder eine rechtsnationale Partei in ein bundesdeutsches Landesparlament ein: Die Republikaner. Das Ergebnis war eine Sensation, gleichzeitig wurde darauf verwiesen, dass in Berlin bis dahin die NPD ein alliiertes Betätigungsverbot hatte und somit erstmals eine rechte Wahlalternative existierte. Vielen wurde klar, dass dieses Wahlergebnis wohl eher ein Startschuss denn eine Ausnahme war.

Als bei den vorzeitigen Abgeordnetenhauswahlen im Dezember 1990, die wegen der Wiedervereinigung von Ost- und Westberlin notwendig wurden, die Reps lediglich 3 % erreichten, d. h. einen Verlust von mehr als der Hälfte des Stimmenanteils hinnehmen mussten, atmeten viele erleichtert auf; die Gefahr schien gebannt.

Aber bereits die Berliner Kommunalwahlen vom Mai 1992 zeigten deutlich einen anderen Trend: Landesweit erhielten die Reps 8,3 %, wobei sie im ehemaligen Westteil der Stadt auf bislang nie erreichte 9,9 %, im ehemaligen Ostteil auf 5,4 % kamen. Dies hat bis heute zur Folge, dass in fast allen Kommunalparlamenten Berlins Reps vertreten sind. Aufgrund der parteiproportionalen Verteilung der Stadtratsposten stellen die Reps mehrere dieser kommunalen Verantwortungsträger.

Dass es auch über anderthalb Jahrzehnte später keinerlei Signale für eine »parlamentarische Entwarnung« (Holthusen/Jänecke) gibt, zeigen beispielsweise die Landtagswahlergebnisse von Baden-Württemberg, Brandenburg und Mecklenburg-Vorpommern, bei denen rechtsextreme Parteien augenscheinlich mühelos die Fünf-Prozent-Hürde *überspringen* konnten. Es ließen sich viele Beispiele für das Auf und Ab der Wahlergebnisse der rechtsextremen Parteien überall in den bundesdeutschen Ländern aufzeigen, was beweist, dass das Wahlverhalten allein kein verlässliches Indiz für die Anzahl rechtsextrem orientierten Menschen in der BRD darstellt.

Ein bei weitem nicht so häufiges Merkmal rechtsextremistischen Verhaltens ist die Zugehörigkeit zu einer rechten Partei oder Organisation. Nur die wenigsten Menschen, die rechtsextrem denken und/oder wählen, organisieren sich selbst in rechtsextremen Parteien, Gruppierungen oder sonstigen Verbindungen. Dies trifft insbesondere für Jugendliche zu, die generell nur schwer für Mitgliedschaften in politischen Organisationen zu gewinnen sind.

Die Wirkung der mitgliederschwachen rechtsextremen Organisationen geht weit über ihre personellen Ressourcen hinaus: Sie organisieren, ziehen Fäden, bauen Netzwerke auf, vertreiben Publikationen, stellen Juristen und anderes mehr.

Für einzelne Aktionen können sie auch immer wieder Skinhead-Gruppen oder Hooligans sporadisch an sich binden, so z. B. für den Saalschutz bei Parteiversammlungen. Eine langfristige organisatorische Einbindung von Skins oder Hooligans gelingt aber schon deshalb nicht, weil diese kein gesteigertes Interesse an paramilitärischer Disziplin haben.

Als letzte Variante rechtsextremistischen Verhaltens sollen die Gewalttaten, Überfälle, Brandanschläge und Pogrome genannt werden, die schon keine Ausnahmeerscheinungen mehr sind.

Die Zahl dieser rechtsextrem motivierten Gewalttaten ist zwischen 1989 und 1993 steil angestiegen, sie stabilisierte sich seit etwa der Jahreswende 1992/93 auf einem hohen Niveau, stieg aber im Jahre 1997 in einigen Bundesländern, wie z. B. in Brandenburg, weiter an. Nach 1999 sank die Zahl, um seit 2006 wieder extrem anzusteigen. Im Vergleich zu 2005 stieg die Anzahl der rechten Straftaten um 26 %! Die Aufsehen erregenden Pogrome von Hoyerswerda, Hünxe, Rostock-Lichtenhagen, Solingen oder die Verbrennung des

Tagebuchs der Anne Frank im Herbst 2006 in Sachsen-Anhalt haben nicht nur zu oft verspäteten Gegenreaktionen geführt, sondern auch zu einer Fülle von Nachahmungstaten. Seit dem Fall der Mauer bis Ende 1993 über 70 Menschen von rechtsextrem motivierten Tätern ermordet worden.

Diese hohe Zahl an Todesopfern verweist auf ein eklatantes Merkmal der jüngeren rechten Gewalt: Sie ist generell brutaler geworden; oftmals haben Schlägereien mit rechtsextremem Hintergrund kein verbales Vorspiel mehr.

Auch hier handelt es zumeist um Täter, es ist kein Jugend-, sondern ein Jungenproblem. Sehr oft treten scheinbar unorganisierte Täter im Vordergrund auf, während sich die Organisationen, erst recht die Prominenten der Rechtsextremismus-Szene im Hintergrund, aber keineswegs untätig halten.

Charakteristisch für rechtsextremistische Gewaltanwendung ist, dass sie – gemäß der rechtsextremen Ideologie der Stärke –vor allem gegen körperlich oder zahlenmäßig Schwächere eingesetzt wird.

Zweites charakteristisches Merkmal ist der Fakt, dass sie gegen Menschen mit sozial niedrigerem Status - MigrantInnen, »Linke«, AsylbewerberInnen, Obdachlose u. a. - gerichtet ist.

Zusammenfassend: Rechtsextremistische Gewalt wendet sich gegen alles vermeintlich und/oder tatsächlich »Schwache«. Die Täter sind zumeist zwischen 18 und 25 Jahre alt, der Frauenanteil liegt bei etwa 10 %.

Eine andere Tendenz rechtsextremistischer Erscheinungsformen zeigte sich beim Überfall rechter Jugendlicher auf einen Zeltplatz Mitte 1996 im mecklenburgischen Leisten. Warum wurde eine Jugendgruppe aus Westdeutschland scheinbar grundlos angegriffen? Der Berliner Journalist Eberhardt Pielen, der seit Jahren in der Jugendszene recherchiert, beantwortete diese Frage auf einer Veranstaltung zum Thema Jugendgewalt und Rechtextremismus u. a. damit, dass sich in Ostdeutschland viele rechte Jugendliche am Strasserflügel der NSDAP der späten 20er- und frühen 30er-Jahre orientieren. *(Die Brüder Strasser vertraten eine »nationalbolschewistische«, antikapitalistische Richtung innerhalb der NSDAP.)*

Die »modernen« ostdeutschen Rechten üben aufgrund ihrer Erfahrungen mit dem westdeutschen System nach der Wiedervereinigung eine besondere Art der Kapitalismuskritik, und als idealtypischer Vertreter des Kapitalismus gilt *der* Wessi, der somit zum Angriffsziel werden kann.

Seit Mitte der 90er Jahre versuchen rechtsextrem orientierte Gruppen, Vereine und Parteien, Jugendliche vor allem durch Musik zu erreichen und zu rekrutieren. Dies geschieht in Konzerten oder durch die im Sommer 2006 bekannt gewordene und ansatzweise durchgeführte »Schulhof-Aktion«, bei welcher zahlreiche CDs mit rechter Musik kostenlos vor deutschen Schulhöfen verteilt wurden.

Eine weiter Erscheinungsform sind die so genannten »national befreiten Zonen«; das sind Gebiete in Deutschland, in denen die rechte (Jugend-)Kultur die Hegemonie ausübt und demokratische Strukturen offen umgangen, ins Lächerliche gezogen oder gar bekämpft werden. Die Landtagswahl in Mecklenburg-Vorpommern zeigten solche Flecken, in denen die NPD Wahlergebnisse bis zu 32 % der Wählerstimmen erhielt. In einem Hintergrundbericht der »Berliner Zeitung« vom 21.09.2006 (S.3) wird ein kleiner Ort in Ostvorpommern vorgestellt, in welchem die NPD den Jugendklub beherrscht und der Bürgermeister erklärt, die NPD dürfe man nicht kritisieren, sie sei halt nicht verboten, »das ist Demokratie.« (ebd.)

Der Ort ist schuldenfrei, hat eine Arbeitslosenquote von unter 10% und liegt am Rande einer aufstrebenden Tourismusregion, kurz gefasst, die bisweilen stereotyp vorgetragenen Gründe für das Erstarken von Rechtsextremismus treffen hier nicht zu. Vielmehr muss auf das Fehlen von demokratisch-bürgerschaftlichem Engagement verwiesen werden, das dem Hegemoniestreben der neuen Rechten aktiv und nachhaltig entgegentritt. Die Rechten, hier in Form der NPD, werden als normal und als tatsächliche Interessenvertreter angesehen. Ihre immer wieder zu beobachtende Unfähigkeit, im parlamentarischen Rahmen erfolgreich zu agieren, und ihr kurzfristiger Aktionismus werden weitestgehend ausgeblendet.

Genau wie andere Jugendliche und junge Erwachsene geben sich auch Rechtsextreme markenbewusst. Ihre Szenebekleidung stammt von Thor Steinar, Lonsdale, Consdaple, Fred Perry oder Ben Sherman.

Allerdings ist in der Szene ein Wandel zu beobachten, denn das einst martialische Outfit wird dezenter, damit für den Außenstehenden weniger »gefährlich«. Man will nicht mehr als Bürgerschreck auftreten und zugleich bei jungen Menschen die Hemmschwelle für die Annäherung herabsetzen. So werden auch jene Jugendlichen angesprochen, die zwar mit rechten Ideen sympathisieren, denen aber eine martialische Kleidung zuwider ist: »'Der Kleidungswandel kommt nicht zufällig. Er ist von oben gesteuert', sagt Hajo Funke, Politologe an der Freien Universität Berlin. Dahinter stecke große taktische Finesse der politischen Kader« (zit. nach Frankfurter Rundschau, 11.04.2007, S. 44).

C. Ursachen

Bei der Suche nach den Ursachen und Gründen für den anwachsenden Rechtsextremismus der späten 80er und der 90er Jahre gibt es unterschiedliche Erklärungsansätze. Genau wie bei den Ursachen für Gewaltbereitschaft im Allgemeinen zeigt die vielschichtige gesellschaftliche Realität, dass es wenig sinnvoll ist, die verschiedenen Erklärungsstränge gegeneinander in Konkurrenz zu setzen. Vielmehr müssen sie im einzeln ergänzend betrachtet werden.

Quer durch alle Erklärungsansätze ziehen sich wirtschaftliche, politische, ideologisch-kulturelle sowie sozialpsychologische Aspekte.

Insgesamt sind sich die meisten BeobachterInnen darüber einig, dass rechtsextreme Orientierungen in der Mitte der Gesellschaft entstehen. Rechtsextremismus ist kein Randgruppenproblem, schon gar kein Jugendproblem. Bereits zu Beginn der 80er Jahre zeigte die so genannte »Sinus-Studie« auf, dass ca. 10 % der (alt-) bundesdeutschen Bevölkerung ein geschlossenes rechtsextremes Weltbild haben. Insgesamt könnten rechtsextreme Parteien – würden sie ihr Wählerpotential voll ausschöpfen (können)- ca. 25 % der Wählerstimmen bekommen.

Im November 2006 veröffentlicht die Friedrich-Ebert-Stiftung eine bei der Universität Leipzig in Auftrag gegebenen Studie, die zu dem Ergebnis kam, dass 9,1 % der Bevölkerung im Westen ein geschlossenes rechtsextremes Weltbild haben.

Nicht nur diese Ergebnisse stimmen überein, auch der Befund, dass Rechtsextremismus in der Mitte der Gesellschaft, und eben nicht am Rand, entsteht, kennzeichnet die Ergebnisse beider Studien. Dramatischer formuliert es Christian Schlüter am 18.11.2006 in der »Frankfurter Rundschau«: »Demokratische Institutionen haben ein Problem mit Rechtsextremisten – und zwar in den eigenen Reihen.« (a. a. O., S. 17)

Politische wie soziale Krisen schaffen günstige Bedingungen für die Ausbreitung rechtsgerichteter Einstellungen; so ist gerade für postmoderne Industriegesellschaften der **Bedeutungsverlust sozialer Milieus** Kennzeichen des gesellschaftlichen Wandels. Aufgrund einer weiter fortschreitenden Säkularisierung verlieren traditionelle konfessionelle Bindungen ebenso deutlich an integrativer Bedeutung wie weltliche (Freizeit-) Vereine, Parteien und andere Gruppierungen. Diese Tendenzen werden auf dem Arbeitsmarkt sowohl durch zunehmende Mobilitätserwartungen als auch durch Ausweitung der Arbeitszeit auf das Wochenende nachdrücklich gefördert. Es ist ein gesellschaftlich breit angelegter Individualisierungsprozess (vgl. Kapitel FAMILIE), dem wir heute begegnen, der in den neuen Bundesländern, über Nacht Einzug hielt (vgl. Kapitel Freizeit) und mit einer verschärften Orientierungs- und Perspektivlosigkeit einhergeht.

Diese Entwicklung bedeutet, dass persönliche Unsicherheit und manifeste Zukunftsängste es schwer machen, eine eigenverantwortliche Handlungsfähigkeit auszubilden. So verstanden schwächt der Individualisierungsprozess die Resistenz gegen rechtsextreme Orientierungen.

Mit Überlegungen zum gesellschaftlichen Desintegrationsprozess versucht Heitmeyer die Attraktivität des Rechtsextremismus bei verunsicherten Jugendlichen auf ihrem komplizierten Weg der individuellen Identitätsfindung zu erklären: Eine (orientierungs-) starke Gemeinschaft bietet ihnen Geborgenheit.

Zu Recht wenden Rommelspacher/Holzkamp aber ein, dass dieser Ansatz sowohl geschlechtsspezifische als auch kapitalistische und rassistische Aspekte unbeleuchtet lässt.

Denn wenn Heitmeyers defizitbetonter Ansatz ausreichend wäre, gäbe es keine schlüssige Erklärung, warum Mädchen, die die gesellschaftlichen Entwicklungen genauso defizitär erleben wie Jungen, weit weniger anfällig bzw. in rechten Gruppen organisiert sind als diese. Eigentlich müssten sie in größerem Maße als die Jungen fasziniert sein, sind sie doch von einer gesellschaftlichen Gleichberechtigung weit entfernt.

Aufgrund dieses scheinbaren Widerspruchs verweisen die beiden Autorinnen darauf, dass die Jungen und jungen Männer an einer dominanten »Kultur des weißen Mannes« teilhaben, dessen Lebensweise von dem Prinzip des »Haben, mehr haben, am meisten haben« durchdrungen ist. Rechtsextremismus stellt sich hier als ein Konzept zur »Verteidigung von Privilegien« auf Kosten von sozial Schwächeren dar.

Auf ein ähnlich gelagertes Phänomen richtet eine Tübinger Forschergruppe ihr Augenmerk, indem sie eine große Affinität zu rechtsextremen Orientierungen bei jenen Jugendlichen aufzeigte, die als Folge des ökonomischen Umwandlungsprozesses seit den 80er Jahren zu den Modernisierungsgewinnern gehören. Es handelt sich um gut ausgebildete Jugendliche bzw. junge Erwachsene, die - im High-Tech-Bereich tätig - ihre Vorteile gegenüber anderen verteidigen und sichern wollen. Die Tübinger fassen ihre Forschungsergebnisse unter dem treffenden Begriff **Wohlstandschauvinismus** zusammen.

Auf der Ebene der kleinen und der großen Politik der alten Bundesrepublik darf nicht vergessen werden, dass die politische Wende von 1982/83 eine Enttabuisierung der nationalsozialistischen Verbrechen zur Folge hatte. Sie wurde sichtbar z. B. im so genannten »Historiker-Streit«; beim Händchen-Halten von Kohl und Reagan über den Gräbern von SS-Angehörigen; beim Besuch des ehemaligen Konzentrationslagers Bergen-Belsen im Anschluss an den Friedhofsbesuch in Bitburg, bei dem jüdische MitbürgerInnen, die gegen das offizielle Gedenken an den Gräben von SS-Mitgliedern protestierten, vom Gelände geschleppt wurden, das KZ also gewissermaßen »judenfrei« gemacht wurde.

Darüber hinaus wurden seit den 80er Jahren die Asyldebatte und die Asylpraxis beständig verschärft und mit den Gewalttaten an Fremden ursächlich verknüpft, indem suggeriert wurde, dass diese Taten angeblich eine Antwort auf die vermeintliche Ausländer-Kriminalität seien.

Der bereits genannte Berliner Rechtsextremismus-Forscher Stöss verweist auf die Tatsache, dass gerade die CDU/CSU seit den Erfolgen der Rechten 1989 versucht, »die Rechtsextremisten durch eine betont ausländerfeindliche Propaganda auszustechen. Diese Strategie scheiterte. Denn dadurch wurden NPD und Republikaner erst recht hoffähig, und viele Wähler entschieden sich ... für das Original, statt für die Kopie.« (Stöss 1990, S. 114) Stöss kommt deshalb zu dem sicher von manchem heftig angefochtenen Schluss, »dass der parlamentarische Arm des Rechtsextremismus im Bundestag die CDU/CSU-Fraktion sei« (»taz«, vom 10.2.1994).

Viele rechtsextremistische Täter legitimieren gerade auch vor Gericht ihre Taten damit, dass sie nur im Sinne der politisch Verantwortlichen handelten, die sich als unfähig erwiesen, ihre geäußerten Ansichten in die Tat umzusetzen.

Gescheitert ist aber auch das Konzept der »Zwei-Drittel-Gesellschaft«, welches, von Konservativen zu Beginn der 80er Jahre entworfen, die Gesellschaft drittelte, um Zielperspektiven zu ermöglichen.

Die beiden oberen Drittel sind Ziel der konservativ geführten Regierungen. Diesen beiden Dritteln sollte es gut gehen, darauf musste die praktische Politik ausgerichtet werden. Das »letzte« Drittel sollte im wahrsten Sinne des Wortes links liegengelassen werden, als mögliches Wahlpotential der Sozialdemokratie.

Nachforschungen bei Wahlen, bei denen rechte Parteien in die Parlamente einziehen konnten, zeigten ein interessantes Ergebnis:

Hätte zunächst durchaus begründet vermutet werden können, dass sich die WählerInnen der Rechten aus dem Kreise des vernachlässigten Drittels rekrutieren, so zeigte sich indessen, dass deren Wählerschaft aus allen gesellschaftlichen Schichten stammt. Die WählerInnen kommen von den *Rändern* der jeweiligen Drittel, nämlich von jenen Menschen, die vom sozialen Abstieg in das »niedrigere« Drittel bedroht sind oder sich subjektiv bedroht fühlen.

Ausblick

Eine Prognose zu wagen, fällt äußerst schwer, denn es stehen viele Signale auf Sturm: Zwar sinkt die Kriminalitätsquote im Allgemeinen, aber rechtsextrem motivierte Gewalttaten nehmen zu; Amokläufe an Schulen waren zu beklagen - und unsere Gesellschaft produziert weiterhin Gewinner und Verlierer.

Es muss aber auch die Stimmung in Teilen unserer Gesamtgesellschaft gesehen werden: Zwar werden Gewalt- und Mordtaten verbal durchaus verurteilt, aber entsprechend dem Brandstifter-und-Biedermann-Syndrom wird den Tätern heimlich oder offen applaudiert. Auch durch die demagogische Verbindung von rechtsextrem motivierter Gewalt mit Ausländern und Asylsuchenden wird den jugendlichen Tätern geradezu die Rechtfertigung für ihr Treiben frei Haus geliefert. In der politischen Elite sind es bisher nur wenige, die eindeutige Absagen an die Gewalttäter auch praktizieren, bei manchen herrscht ein gefährliches »ja, aber...« vor.

Die Rechtsentwicklung in Deutschland ist schon seit einigen Jahren unübersehbar geworden:

In den späten 80er Jahren wurde die Asyldebatte von Seiten der Konservativen und der Reaktionäre immer wieder zur Vertiefung rassistischer Vorurteile gegenüber Ausländern missbraucht. So schrieb z. B. der damalige Generalsekretär der CDU, Volker Rühe, am 12. September 1991 einen Brief an alle wichtigen Funktionsträger und Gruppierungen seiner Partei, in dem er dazu aufforderte, die Asylpolitik auf allen Ebenen zum politischen Thema zu machen, gerade auch bei Wahlkämpfen. Angereichert wurde dieser Brief mit eindeutigem Material: Argumentationshilfen, Mustererklärungen und standardisierten Parlamentsanfragen und -anträgen.

Äußerungen bekannter Politiker, gleich welcher Couleur, trugen genauso wie diese Kampagne dazu bei, dass rechte Stimmungen sich breit machten und verfestigten.

Beispiele:

Edmund Stoiber, ehemaliger bayerischer Ministerpräsident, warnte bereits 1988 vor der »durchmischten und durchrassten Gesellschaft«; und auf seinen Vorgänger, Max Streibl, geht der diffamierende Begriff von der »multikriminellen Gesellschaft« zurück.

Die Hamburger CDU sah keinerlei Problem darin, gemeinsam mit der rechten »Schill-Partei« die Landesregierung zu stellen. Der Namensgeber, ein strammer Law-and-order-Mann, im Hauptberuf Richter, »qualifizierte« sich für das Amt des Innensenators mit markigen, bisweilen offen ausländerfeindlichen Sprüchen.

Die Liste ließe sich – wenn auch nicht beliebig – verlängern und auch andere Parteien können sich nicht vom Vorwurf freisprechen, dass in ihren Reihen nicht auch rechts gerichtetes Gedankengut zu Hause ist. Die bereits zitierte Studie der Friedrich-Ebert-Stiftung vom November 2006 zeigt auf, dass rechtsextrem denkende Wahlberechtigte in einer durchaus stattlichen Anzahl (34,4 %) SPD-Wähler sind. 4,3 % kreuzen »Die Grünen« auf dem Stimmzettel an und selbst die Linkspartei/WASG werden von 1,8 % der rechtsextremen Wähler bevorzugt.

Trotzdem steigt die Chance, in einen von der Basis, den Betroffenen ausgehenden neuen, breiten wie notwendigen Dialog über Erziehung, Aufwachsen und Leben in unserer Gesellschaft einzutreten. Der kann dazu führen, die Zukunftschancen unserer Kinder und Jugendlichen, und damit auch unsere eigenen, deutlich zu verbessern.

Dazu beigetragen haben die mittelmäßigen bis schlechten Ergebnisse, die in Deutschland lernende Jugendliche bei der PISA-Studie und bei ähnlichen Bildungsuntersuchungen erreichten. Die Debatte um die Ursachen und die Begleitumstände macht eben auch nicht halt vor den Bedingungen, unter denen Kinder und Jugendliche in unserem Land aufwachsen. Diese Studien haben deutlich gemacht, wo wir großen Teilen von Kindern und Jugendlichen, z. B. durch die oft sozial bedingte Selektion am Ende der Grundschule, relevante Zukunftschancen verweigern.

Wer aber heute den künftigen Erwachsenen die Sinn- und Zukunftschancen abschneidet, sollte sich über deren Gewalt von heute und morgen nicht wundern.

Hilfen

In unserer Gesellschaft, darüber sollten wir uns im Klaren sein, ist Gewalt in verschiedener Form des Zusammenlebens präsent, nicht nur in Form der Staatsgewalt, der Armee, der Polizei. Dies zu akzeptieren, bedeutet nicht, dass man Befürworter von gewaltförmigen Strukturen ist. Vielmehr kommt es darauf an, allgemein verbindliche Regelungen zu vereinbaren, die ein gewaltfreies Zusammenleben ermöglichen. Das heißt, dass wir immer wieder und beharrlich eindeutig gegen Gewalt Stellung beziehen müssen, anstatt Gegengewalt zu praktizieren, zu fördern oder zu fordern.

Gewalttäter sind oft »stumme« Suchende oder nach Hilfe »schreiende« Individuen, die uns brauchen, auch wenn sie scheinbar gegen uns, vielfach auch gegen sich selbst, handeln.

Gewalttäter sind häufig genug psychisch schwache Menschen, die starke Hilfen bitter nötig haben

Damit kleine Menschen sich nicht zu Gewalttätern entwickeln, gilt es, ihr Selbstwertgefühl zu stabilisieren und permanent zu fördern. Und dies sollte mit dem Ziel geschehen, dass wir junge Menschen bei ihrem Heranwachsen darin aufmerksam begleitend unterstützen, dass sie einerseits zu selbstbewussten, seelisch starken Menschen reifen, die andererseits ihre psychische Stärke in ihrer Umgebung bzw. in der Gesellschaft sozial verträglich einsetzen. Ich-Stärke bei gleichzeitiger

Teamfähigkeit, das ist die Verbindung, die wir alle brauchen.

Damit Erfahrungen mit Macht, die andere über mich ausüben, sich nicht zu lang anhaltenden, demütigenden Ohnmachtgefühlen verfestigen, ist es nötig, Menschen Gegenmachterfahrungen zu teil werden zu lassen. Dies gelingt bei Kindern und Jugendlichen ausgesprochen gut, wenn sie in ihrer eigenen Umgebung sich sozial engagieren können bzw. wenn sie sich erfolgreich für ihre eigenen Belange einsetzen dürfen.

Noch eines ist wichtig: Menschen, die nicht den Weg einer wie auch immer gearteten »Normalbiographie« gehen, die also auffällig werden, suchen sich Erfolg versprechende Strategien der Alltagsbewältigung. Sie perfektionieren ihre persönliche *kompensatorische Gratifikation.* Dies meint, sie haben zwar keinen Beruf erlernt, kompensieren dies aber z. B. mit der Fähigkeit, geklauten Alkohol bestimmten Gaststätten unterm Tisch zu verkaufen, um von dem Erlös leben zu können. Sollen diese Menschen nun wieder in »bürgerliche« Bahnen gelenkt werden, muss bedacht werden, dass sie die Notwendigkeit erst einmal nicht einsehen können, da sie mit ihren Fähigkeiten doch gut über die Runden kommen. Solche Menschen können dazu erst bewegt werden, wenn ihnen eine Ersatz-*Gratifikation* ermöglicht wird.

Hilfen in der Familie

Kinder brauchen von klein auf Erwachsene, die ihren Werdegang aufmerksam begleiten. Sie brauchen Erwachsene, die ihnen kindgerecht im Laufe der Zeit die komplexe Gegenwart angstfrei näher bringen und sie diese entdecken lassen. Dies bedeutet aber nicht, dass die Träume der Eltern auf die Kinder projiziert werden dürfen. »Mein Kind soll es einmal besser haben«, nur wenige zucken bei diesem schnell und gern geäußerten Postulat zusammen, so selbstverständlich erscheint es. Viele Kinder leiden unter diesem Druck, wie oft müssen wir an der Schule Eltern von ihren überhöhten Ansprüchen, die sie ihren Kindern auferlegt haben, mühsam und vorsichtig herunterholen.

Unternehmen Sie als Lehrer einmal den Versuch und stellen Sie auf einem Elternabend den Eltern die Frage, ob sie auch wollen, dass ihre Kinder einen besseren oder einen mindestens gleichwertigen Schulabschluss erhalten wie sie selbst. Fast alle werden still vor sich hin nicken. Dann stellen Sie die rhetorische Frage: »Wie gut waren

Sie denn?« Nachdenklichkeit wird vielleicht die stille und erhoffte Antwort sein.

Den Kindern und Jugendlichen die Welt näher bringen, heißt aber auch, ihnen Grenzen aufzuzeigen, und nicht, aus Furcht vor Auseinandersetzung und dem notwendigen permanenten Argumentieren keinerlei Regeln und Regelungen mehr zu haben. Das führt bisweilen auch zu Frust, trotzdem sollte man nicht versuchen, Heranwachsende vor Frustrationserfahrungen abzuschirmen. Natürlich muss ich dann auch Raum geben, damit Aggressionen offen und konstruktiv ausgetragen werden können; d. h. also: Aggressionen sind grundsätzlich zu akzeptieren.

Durch Aufzeigen und (eventuell gemeinsames) Praktizieren von Möglichkeiten des konstruktiven, bisweilen auch spaßvollen Aggressionsabbaus, z. B. mit Hilfe einer »Kissenschlacht«, erlernen die Kinder und Jugendlichen Schritt für Schritt verschiedene Methoden; diese und andere Vorgehensweisen helfen ihnen, eine möglichst hohe Frustrationstoleranz zu entwickeln.

Weiterhin müssen Kinder und Jugendliche mit zunehmendem Alter immer mehr Partizipationsmöglichkeiten in der Familie erhalten. Hierarchische Strukturen, die mehr an Sitten des feudalen Mittelalters als an Lebensformen im beginnenden 21. Jahrhundert erinnern, führen oft genug zu einer Ansammlung von Frustrationen, deren Folgen, die Aggressionen, dann oft nicht ausgetragen werden dürfen.

Zusammenfassend schließe ich mich der Auffassung von Rainer Dollase an, der pädagogische Psychologie an der Universität Bielefeld lehrt und in seinen Vorträgen Folgendes unterstreicht:

»• Erziehung ist eine evolutionäre Notwendigkeit.
- Sie ist keine Manipulation, Formung etc. sondern eine begleitende Beziehung des Heranwachsenden bei seiner selbständigen Auseinandersetzung mit sich und der Umwelt.
- Der Heranwachsende will ein realistisches Selbst- und Weltbild erwerben, damit er wirkungsvoll handeln kann.
- Erziehung ist umso einflussreicher, je glaubwürdiger sie zeigen kann, dass ihre Inhalte zur wirkungsvollen Auseinandersetzung führen.
- Einfluss gewinnt man (als erziehender Erwachsener; A.K.)

auch durch Beziehung, Kompetenz, Bindung und Sympathie zum Heranwachsenden.« (Unveröffentlichtes Manuskript)

Dollase bietet zudem das folgende Schema zur Erläuterung verschiedener Erziehungsstile und deren Folgen an:

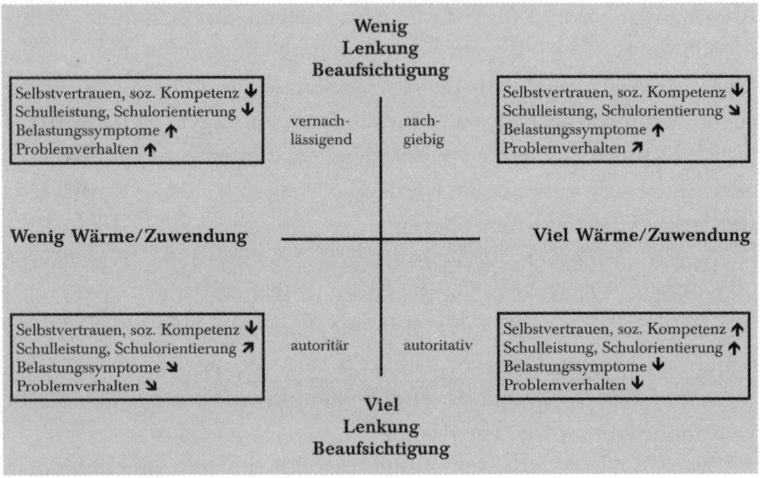

»Belastungssymptone beziehen sich auf psychische und somatische Beschwerden, Problemverhalten bezieht sich auf Fehlverhalten in der Schule, Drogenkonsum und Delinquenz.« (Auszug aus PPS-Folie zum Vortrag »Grenzen der Erziehung. Eine psychologische Sicht«, Dollase, Wuppertal 8. Juli 2006, unveröffentlicht)

Dieses Schema verdeutlich anschaulich, dass Erziehung ein immer währendes Austarieren von lenken und entdecken/ausprobieren lassen ist, welches dann gut gelingen kann, wenn die Beziehungsebene stimmt. Nicht mehr, aber auch nicht weniger ist gefragt! Und weiterhin gilt für alle Erziehenden, gleich ob in Familie, Schule oder Freizeit: Sisyphus war ein glücklicher Mensch!

Es sollte nämlich nie vergessen werden, dass Kinder und Jugendliche völlig zu Recht von uns erwarten, dass wir ihnen einen lebendigen »Roten Faden« bieten, an dem sie sich orientieren und entlang hangeln können.

Das Bild des »Roten Fadens« wähle ich deshalb, weil es zum einen einem Erziehungsstil nach dem o. g. Schema nahe kommt, zum anderen können wir dabei, anders als beim Begriff »Vorbild«, auch die eigenen Fehler und Schwächen offen zugegeben. Dass bedeutet eben auch, dass sich die Kinder und Jugendlichen an dem »Roten-Faden« entlang bewegen können, dass es ihnen offen bleibt, nach allen Seiten hin andere Wegstrecken zu beschreiten. Ich gebe ihnen ein Stück von mir, sie *müssen* und *können* ihrem Alter gemäß selbst bestimmt damit umgehen. Dies bedeutet unbedingt auch, dass Kinder und Jugendliche von uns dazu angehalten werden, wo es notwendig ist, NEIN zu sagen!

Das wiederum hat zur Folge, dass wir Erwachsene dieses NEIN zu respektieren und akzeptieren haben!

Die Kriminalpolizei hat bei der Vorstellung einer Broschüre zum Thema »Sexueller Missbrauch von Kindern« zu Recht darauf hingewiesen: Kinder können sich dann gegen Übergriffe besser wehren, wenn sie schon als Kleinkinder das Recht haben, sich gegen die wohlgemeinten Küsse und Umarmungen der ungeliebten Tante oder des verhassten Opas zu wehren, ohne dass die Eltern intervenieren. Wer seinem Kind die Fähigkeit zu selbst bestimmtem Handeln mit auf den Weg geben will, muss früh damit anfangen. Das heißt aber nicht, Kinder und Jugendliche überhaupt nicht mehr zu erziehen, alles laufen zu lassen. Wer das Theorem »Kinder sind keine kleinen Erwachsenen«, wirklich ernst nimmt, muss das Wechselspiel von Spielraum einengen (z. B. Verbote) und mehr Raum gewähren (z. B. Lockerung des abendlichen Ausgangs im Laufe der Pubertät) akzeptieren; muss gleichzeitig ständigen präsent sein, damit der kommunikative Austausch funktionieren kann, muss mitmachen und durchhalten. Eine gelungene Erziehung findet dann statt, wenn Kinder und Jugendliche ebenso von uns lernen, wie wir von ihnen ständig Neues vermittelt bekommen.

Ein schönes Beispiel:

Da erzählt ein Vater von einem langen Gespräch mit seinem sechzehnjährigen Sohn über dessen Werdegang, über seine ganz persönliche Entwicklung. Die von dem Jungen gestellte Frage, »bin ich so, wie ich bin, weil ich ein Abbild meiner Eltern bin?«, beantwortete er selbst mit »Zum Glück nicht!«. Der Vater bemerkte, über diese Äußerung seines Sohnes gerührt und natürlich ein wenig stolz, »Kann es eine schönere Antwort geben?«

An dieser Stelle möchte ich an oben aufgezeigte Strukturen innerhalb der Migrantenfamilien erinnern, in welchen nicht nur den Untersuchungen Christian Pfeiffers zur Folge ein erhöhtes Gewaltpotential der Eltern gegenüber ihren Kindern herrscht. Ich möchte aber auch klar stellen, dass mit diesem Einschub nicht dem Vorurteil, Ausländer seien an sich gewalttätiger, Vorschub geleistet werden soll. Natürlich gibt es deutsche Herkunftsfamilien, in denen Gewalt alltäglich ist, genauso wie es Migrantenfamilien gibt, denen Gewalt ein Gräuel ist. Die Gründe, warum Gewalt gegen die eigenen Kinder ausgeübt wird, sind bisweilen gleich, bisweilen höchst different. Nur ein sachlicher Blick auf die Erscheinungsformen (s. o.) und deren Ursachen ermöglicht es, solche desaströsen Verhaltensweisen auf Dauer zu verbannen, zumindest zahlenmäßig zu marginalisieren.

Necla Kelek stellt in ihrer familiensoziologischen Studie über den Einfluss des Islam auf die Kleinfamilie »Die verlorenen Söhne - ...« dar (Kelek 2006), dass mangelnde Sprachkenntnisse, damit einhergehende schulische Misserfolge sowie soziale Armut nur die eine Seite der Medaille verkörpern, und wer lediglich darauf fokussiere, »geht am Kern des Problems vorbei.« Es sei nämlich »kaum zu übersehen, dass mehrheitlich gerade in der muslimisch orientierten Community die Selbstausgrenzung (vgl. Exkurs »Migranten«) forciert wird, den Migrantenfamilien mit großer Kinderzahl allzu oft die Zukunft ihrer Kinder gleichgültig ist.« Solche Eltern haben dann auch kein Interesse an Integrationsmaßnahmen, so zeigten laut Kelek in einer Neuköllner Hauptschule in Berlin lediglich »15 von über 600 Elternpaaren Interesse« an angebotenen Sprachkursen. Kelek weiter: »Die Väter haben ein anderes Interesse als die Integration und Bildung ihrer Kinder. Warum? Sie brauchen für ihren persönlichen Familienstaat Kinder und Frauen, die ihnen gehorchen. Da ist es besser, die Kinder von der deutschen Gesellschaft möglichst fernzuhalten. So wird Kindergeld bezogen, aber wenn Schulmahlzeiten oder Klassenfahrten bezahlt werden sollen, ist kein Geld da. (...) Diese Familien sind nicht zerrüttet, in diesen Familien wird Kindern beigebracht, dass Frauen sich nach den Regeln des Islams den Männern unterzuordnen haben. Die Welt dieser jungen Männer teilt sich in eine Frauen- und Männerwelt. Es gibt nicht eine Welt, in der man einander mit Respekt, Anstand und Höflichkeit begegnet. Es wird kein Wert darauf gelegt, dass die jungen Männer eine ordentliche Ausbildung haben, dass sie vernünftige, anständige Menschen werden. Sie erhalten keine Erziehung, sie erhalten einen Auftrag: Sie sind der Wächter der Ehre ihrer weiblichen Verwandten. Dafür verlangen sie Essen, Trinken, Bedienung, Respekt, nein, Unterwürfigkeit.«

Funktioniert vielleicht dieses antrainierte Verhalten in der eigenen Parallelwelt, so treten dann massive Probleme auf, wenn die eigene Umgebung verlassen wird. »Dann kommen sie in die Schule, und dort ist ihr Wächterdasein nichts wert, schlimmer noch: Man verlangt von ihnen – den jungen Prinzen -, dass sie nur sprechen, wenn sie dazu aufgefordert werden, dass sie andere Menschen achten, Hausaufgaben machen und ihre Intelligenz zu nutzen verstehen.«

Kelek weist als Folge dieser Erkenntnisse vollkommen zu Recht darauf hin, dass »wenn wir ihnen und ihren Eltern gegenüber nicht selbstbewusst auftreten und ihnen klar machen, dass wir hier alle in einer Welt leben und niemand einem anderen untertan sein darf, dann werden die 14jährigen Schläger sich durchsetzen.« (Kelek 2006, zit. nach Frankfurter Rundschau, 8. April 2006, S. 8)

Und genau bei diesen letzten Ausführungen vereinigen sich die verschiedenen Stränge wieder: Es muss uns verantwortlichen Erwachsenen vollkommen gleichgültig sein, aus welcher Quelle sich reaktionäre, autoritäre, sexistische und/oder zutiefst Menschen verachtende Gewaltstrukturen speisen, wir müssen klar und eindeutig Stellung beziehen. Sei es, dass Eltern meinen, irgendeine Religion - und dies meint nicht nur den Islam, auch christliche Glaubensrichtungen kennen z. B. Frauen verachtende oder auch bildungsfeindliche Strukturen - oder deren restriktive Auslegung erlaube ihre destruktiven Verhaltensweisen, sei es, das solche Verhaltensweisen (pseudo-) politisch oder gar genetisch, d. h. geschlechtlich differenziert begründet werden.

In meiner eigenen Schulpraxis halte ich es so, dass ich Eltern, die mir zu verstehen geben, dass bei ihnen zuhause eine ganz anders strukturierte Welt vorherrscht, höflich, aber bestimmt und mit Nachdruck verdeutliche, in welche heikle Zwickmühle sie ihre Kinder bringen. Da die meisten Eltern in ihren Kindern immer noch die verkörperte

Zukunft erkennen, lohnt es sich, zunächst diesen Weg einzuschlagen und den Eltern klar zu machen, dass es um die Zukunftschancen ihrer Kinder geht.

Allerdings müssen wir beratungsresistenten Eltern durch einschneidende Maßnahmen zeigen, dass wir unseren Anspruch nach einem eigenverantwortlichen Lebensstil, der selbstverständlich auch für deren Kinder gilt, durchsetzen. Ein wirksames Beispiel dafür konnten wir in letzten Jahren im Kreis Paderborn erleben, wo äußerst rückwärts orientierte Eltern baptistischen Glaubens versuchten, ihre Kinder der öffentlichen Schule zu entziehen. Die Rechtsabteilung des Kreisschulamtes entwickelte eine Strategie von sich zuspitzenden Maßnahmen, die Schritt für Schritt angewandt wurden. Die Spitze des Eisbergs dieser Erzwingungsmaßnahmen stellte die gerichtliche Verhängung von Zwangsgeldern gegen die betreffenden Eltern dar. Beim Zwangsgeld nämlich kann gegen jeden Elternteil und für jedes nicht der Schulpflicht nachkommenden Kindes eine entsprechende Summe festgesetzt werden. Dies hat z. B. zur Folge, dass bei einer Familie mit drei Kindern sechs einzelne Zwangsgelder, die sich schnell zu einem größeren Betrag summieren, festgesetzt werden. Zwischenzeitlich besuchen alle Kinder die Schule, wenn auch in verschiedener Form: Einige Eltern schicken ihre Kinder auf staatliche Schulen, andere auf anerkannte Privatschulen. In Einzelfällen sind Kinder in baptistische Pflegefamilien gegeben worden, die der staatlichen Schulpflicht aufgeschlossen gegenüberstehen.

Deutlich wurde aber eben dies: Der Staat bleibt beharrlich dabei, einstmals errungene Verbesserungen wie z. B. die allgemeine Schulpflicht gegen den Eigensinn einiger Erwachsener und zum Wohl der Kinder und Jugendlichen und deren Zukunftsperspektiven zu garantieren und durchzusetzen. Wichtig erscheint mir, dass wir nicht nur bei Kindern und Jugendlichen, sondern ebenso bei Erwachsenen nach dem Motto »fördern und fordern« verfahren. Kulturelle Identität soll nicht verwischt, aber die Missachtung elementarer Menschenrechte darf nicht geduldet werden. Hier ist eine offene Auseinandersetzung geboten.

Um Kinder und Jugendliche angemessen zu erziehen, also zu begleiten, ist es unumgänglich, genügend Zeit für sie zu investieren, damit die notwendige Auseinandersetzung, die zum Erlernen wichtiger Lebensprinzipien unverzichtbar ist, stattfinden kann.

Dem Faktor Zeit, die in einer Ära wachsender *Freizeit* angeblich immer weniger zur persönlichen Verfügung steht, kann gar nicht genug Beachtung geschenkt werden. Besonders die Kleinkinder, aber auch ältere Kinder, brauchen unsere Aufmerksamkeit.

Gerade in der schwierigen Zeit der Pubertät werden wir als ältere und erfahrene Gesprächspartner gesucht, wenn auch häufig in Form von leidenschaftlichen Streitereien. In den Biografien vieler Gewalttäter finden wir immer wieder das Phänomen, dass die Eltern zu Beginn oder während der Pubertät den Gesprächsfaden abrupt und bisweilen endgültig haben abreißen lassen.

Ebenso kann an den Lebensgeschichten der Gewalttäter abgelesen werden, welche Rolle männliche Bezugspersonen bis heute noch spielen: Da sind zum einen die gewalttätigen Väter, aber auch die autoritären Herrscher oder eben jene, für die Erziehung bzw. Beschäftigung mit dem Kind eine reine Frauenangelegenheit ist. Allen diesen Typen ist eines gleich, sie geben die falschen Vorbilder ab, sei es durch eigene Brutalität, sei es durch Abwesenheit! Für die Sozialisation der Jungen sind Väter äußerst wichtig, damit die Söhne sich orientieren und ihre eigene männliche Rolle finden können. Und zu dieser gehören nicht nur die vermeintlichen, klassischen »Vorzüge« der Männer, sondern eben auch die sanften, zarten und rücksichtsvollen Seiten, die von den Söhnen oft schmerzlich vermisst werden. (Wer sich hiermit tiefer gehend beschäftigen möchte, dem sei das bereits erwähnte Werk »Kleine Helden in Not« sowie die Nachfolgeveröffentlichungen des Autorenteams Neutzling/Schnack ans Herz gelegt!)

In den meisten Fällen wird in der Öffentlichkeit das Faustrecht immer noch von männlichen Jugendlichen(bis zum Alter von ca. 25 Jahren) ausgeübt. Also erscheint es notwendig, sich über eine gezielte Jungenerziehung Gedanken zu machen, die natürlich in der Familie zu leisten ist, aber von der Schule unterstützt werden muss. Deshalb werde ich einige Aussagen hierzu im Abschnitt »Schule« dieses Kapitels anmerken.

Zugleich ist es erforderlich, frühzeitig mit einer Medienerziehung anzufangen. Diese kann und soll sehr vielfältig sein und schon damit beginnen, dass die Eltern ihre Video- und Fernsehfilme oder ihre Computerspiele für ihre Kinder und Jugendlichen unzugänglich machen, soweit diese Darbietungen nicht für deren Alter geeignet sind. Vor dieser Entscheidung, ihrer Begründung sowie ihrer Durchsetzung dürfen sich Erwachsene nicht drücken. Am besten wäre es aber, sie würden auf bestimmte Videos, Computerspiele oder Fernsehsendungen selbst verzichten.

Die Auswahl der Sendungen, die Verweildauer und Auswahl der Medien selbst sind wichtige Einzelschritte. Ganz wichtig erscheint mir die Forderung, dass grundsätzlich Ältere mit Jüngeren gemeinsam fernsehen sollten, damit sie Verunsicherungen und Ängste auffangen. Für Kinder kann selbst die beliebte »Lindenstraße« zu Angstzuständen führen. Sie setzen intuitiv die filmischen Mittel, wie z. B. Zuspitzung der Musik mit der Zuspitzung der Spannung gleich, warum aber die folgenden Szenen bedrohlich sind, bleibt ihnen verschlossen. Sitzen nun Ältere dabei, dann können die Jüngeren ihre Ängste sofort loswerden.

Das in den Schulen häufig zu beobachtende »MMS«, sprich »Montag-Morgen-Syndrom«, das dafür verantwortlich gemacht wird, dass die SchülerInnen unkonzentriert, zappelig und wenig am Unterricht interessiert im Klassenzimmer umherlaufen oder auf andere Weise auffallen, kann nicht immer auf einen extremen Fernsehkonsum am vorangegangenen Wochenende zurückgeführt werden. Oft haben Eltern das gesamte Wochenende verplant, z.B. mit einem Besuch bei den Großeltern, wo die Kinder stundenlang stillsitzen mussten und mit viel zu viel Sahnetorte voll gestopft wurden; oder der Besuch von Veranstaltungen - inklusive Kneipenbesuche – stand auf dem Programm, das von den Kinder als uninteressant empfunden wurde. Dies alles kann dazu führen, dass Kinder und Jugendliche ihre Wünsche, Interessen und Bedürfnisse nicht ausleben konnten. Wenn sie dann am Montag auf ihre Freunde und Freundinnen treffen, wird alles nachgeholt...

Zur Medienerziehung gehört aber auch, dass kreative Gegenangebote zu den elektronischen Medien aufgezeigt und angeboten werden müssen. Der Vielfalt der Medienerziehung entsprechend sollte weder hysterisch auf Fernseh- und Videokonsum reagiert, noch sollte darauf verzichtet werden, auch den Umgang mit Print-Medien, also Büchern und Zeitungen, einzuüben.

Förderlich für die Kommunikation zwischen Kindern und Jugendlichen einerseits und Erwachsenen andererseits, ist sicher auch, sich mit anderen Eltern aus dem Kindergarten oder der Schulklasse zusammenzuschließen und eine »Reih-um-Betreuung« zu organisieren. Dies meint, dass sich einmal pro Woche(oder öfter) die Kinder bei einer der beteiligten Familien treffen und gemeinsam mit den betreffenden Erwachsenen etwas unternehmen. Die anderen Eltern können die kinderfreie Zeit für ihre Interessen nutzen.

Der »Arbeitskreis Neue Erziehung« (ANE) in Berlin geht mit seinen Vorschlägen weiter: Aufgrund der vielen Klein- und Kleinstfamilien (Alleinerziehende) fehlen den Kindern weitere Bezugspersonen, bei denen sie Trost, Zuneigung, Information, aber auch Ärger oder einengende neue Regeln finden. Nicht die durchschnittliche kleinbürgerliche Vier-Kopf-Familie wird als Ideal propagiert, sondern der größere Sippenverband vergangener Jahrzehnte bzw. Jahrhunderte. So finden sich heute Alleinerziehende, Kleinfamilien und andere zusammen, um einen Verbund zu gründen, in welchem Kinder und Jugendliche dann wirklich weitere Bezugspersonen haben, an denen sie sich orientieren und an die sie sich wenden können. Sind mehrere Menschen emotional erreichbar, so sind auch schwere Krisen, z. B. Tod der Mutter oder Verlust des Vaters durch Scheidung, einfacher aufzufangen. Selbst Alltäglichkeiten, wie ausreichend und genügend Zeit für die Heranwachsenden oder verschiedene »Rote-Fäden« sind besser gewährleistet.

Auf der politischen Ebene müssen Forderungen gestellt werden, die es Alleinerziehenden ermöglichen zu arbeiten, während die Kinder sinnvoll betreut werden. Dazu gehören sowohl eine Ganztagsbetreuung, kombiniert mit Bildungsangeboten, wie eine Betreuung für die Kleinsten in Krippen.

Auch sollten Mindestlöhne existieren, die alle, gerade aber Allein-Erziehende in die Lage setzen, täglich weniger zu arbeiten, damit mehr Zeit für die Kinder, und natürlich auch für sie selbst, verbleibt.

Dass Kinder an Verwahrlosung und/oder Misshandlung sterben,

kann durch eine frühzeitige Betreuung und Hilfe für Eltern und Kind vermieden werden. Dazu das Beispiel aus einer Stadt im Ruhrgebiet:

Dort wird jedes Neugeborene durch den Besuch einer städtischen Sozialarbeiterin in der elterlichen Wohnung begrüßt. Die Eltern erhalten ein kleines Geschenk und viel übersichtliches Informationsmaterial zum Thema Entwicklung und Gesundheit des Kleinkindes. Die Sozialarbeiterin stellt sich und ihr Angebot dar, ohne zu belehren oder irgendeine Beurteilung der vorgefundenen Situation abzugeben. Die Kontaktaufnahme ist ein niedrigschwelliges Hilfeangebot, das bei Bedarf wahrgenommen werden kann. Gleichzeitig haben die Eltern einen Menschen kennen gelernt, den sie schnell kontaktieren können, brauchen sie Hilfe oder einen Rat. Der persönliche Kontakt ist deshalb wichtig, weil Erfahrungen gezeigt haben, dass viele Menschen Info-Telefone (»Hotlines«) bei persönlichen Problemen deshalb nicht anrufen, weil sie die Person, die sie anrufen, nicht kennen.

Andererseits kann die Sozialarbeiterin erkennen, ob es in der Familie Probleme gibt, und künftig – z. B. bei einem weiteren Besuch - ihre Hilfe und Unterstützung anbieten. Komplett überforderte oder gar beratungsresistente Eltern werden schneller er- und bekannt, Maßnahmen zum Wohle des Kindes können zeitnah eingeleitet werden.

Natürlich kann eingewendet werden, dass dies ein Eingriff in die Familie, in das Erziehungsrecht der Eltern ist. Aber dürfen wir offenen Auges zusehen, dass Kleinkinder sterben, weil Erwachsene sich auf ein Recht berufen, dessen Pflichten sie nicht wahrnehmen -sei es aus Unvermögen, sei es aus Unwillen? Und wenn hier zwei Rechte gegenüber stehen, nämlich das Erziehungsrecht der Eltern und das Recht auf körperliche Unversehrtheit des Kindes, muss eine Abwägung vorgenommen werden. In diesem Falle darf sie nur zugunsten des Lebensrechtes des Kindes ausfallen. Wer aber, wenn nicht staatliche Stellen und deren Beauftragte, sollen die Interessen der Kinder vertreten?

Mir ist wohler bei dem Gedanken, dass Eltern frühzeitig vielseitige und niedrigschwellige Informationen und Hilfe angeboten werden, um Schlimmeres durch Vorsorge zu verhindern. Natürlich bedeutet dies für die staatlichen Stellen, dass sie im Sinne der Prävention selbst aktiv und aufmerksamer werden und ihre Hauptaufgabe nicht in dem Verwalten von »Fällen« und Akten sehen.

Ihre Aufmerksamkeit müsste auch auf die Wohnverhältnisse gerichtet werden.

Wohnungsbau und -vermietung zu bezahlbaren Preisen, gerade in Ballungszentren, sind unerlässlich.

Fatal sind billige Taschenspielertricks wie der, von allerhöchster Stelle erst großspurig bundesweit Krippenplätze zu fordern und zu versprechen, um dann kleinlaut zu behaupten, die Finanzierung sei nicht möglich.

Hilfen in der Schule

Die Schule kann einiges dazu beitragen, eine gewaltfreiere Atmosphäre zu schaffen. Das bedeutet aber nicht, dass Schule der Reparaturbetrieb der Gesellschaft sein kann. Dieser Anspruch wird leider viel zu häufig von unterschiedlichster Seite an die Schulen herangetragen: »Das sollten die mal in der Schule...« oder »Die Schule muss doch ...«. Schule braucht gesellschaftliche Rückendeckung, nicht aber Gängelung. Nicht jene sind die guten PädagogInnen, die die Gesetze, Erlasse und Ausführungsvorschriften genau kennen und penibel einhalten, sondern diejenigen, die damit kreativ umzugehen verstehen.

Wie bereits oben angesprochen sollten wir dafür Sorge tragen, dass Schulen nicht zu viele SchülerInnen aufnehmen. Beide Pole, Anonymität und Enge, können langfristig und schleichend ein raues, später ein Gewalt förderndes Klima erzeugen.

Die gegenwärtigen Diskussionen, wie die Schulen in die Eigenständigkeit zu überführen seien, kranken sicher nicht an Vielschichtigkeit und Leidenschaft, sondern daran, dass diese Debatte unter dem massiven Druck des Sparens geführt werden muss. Die Auseinandersetzungen betreffen widersprüchliche Momente dieses Prozesses: Einerseits werden untergeordnete kleine Selbstgestaltungsrechten gewährt, andererseits die Schulleitung gestärkt und gleichzeitig die Rechte des Kollegiums eingeschränkt, wobei der Selbstverwaltungsauftrag knapper werdender finanzieller

Ressourcen weithin im Vordergrund steht. Unter dem Mäntelchen der »Autonomie« wird der Schwarze Peter, sprich: die geringeren finanziellen Ressourcen, den Schulleitungen zugespielt, die im Ausgleich dafür mehr Rechte gegenüber den LehrerInnen erhalten. Hier wird das »Teile-und-Herrsche-Prinzip« als angebliche Demokratisierung getarnt. Die Verlierer sind die KollegInnen, die nun, ginge es nach den Autonomiebefürwortern, den SchülerInnen demokratisches Bewusstsein und Handeln näher zu bringen sollen. Mit einem solchermaßen verkürzten Autonomiebegriff wird dieses Vorhaben nicht gelingen. Wahre Autonomie sieht mehr vor als das leidige Verteilen nicht vorhandener Gelder, nämlich Entscheidungsfreiheit bei der Gestaltung von Unterricht, bei der Organisation von Schule, bei der Einteilung der Stundentafel, bei der Einstellung neuer KollegInnen, dem dienstlichen Umgang miteinander und mit vorgesetzten Stellen, bei den Unterrichtsmethoden und (zumindest teilweise) den -inhalten ...

Ein derart ausgestattetes Kollegium wird eher zu motivieren sein, Verantwortung auch in organisatorischen und finanziellen Fragen zu übernehmen; und eine so starke Motivation wird auf die SchülerInnen ausstrahlen.

Ich möchte ein anderes Beispiel dafür geben, wie sparsamer Umgang mit Ressourcen und Autonomie positiv zusammenwirken könnten: Wenn den Schulen die Freiheit gegeben würde, einen Großteil der täglich anfallenden Reinigungsarbeiten in Eigenregie, d. h. in der Zusammenarbeit von SchülerInnen und LehrerInnen durchzuführen, könnte der eingesparte Betrag der Schule in einem Fonds zur freien Verfügung gestellt werden. Durch die Eigenbeteiligung wird den SchülerInnen zum einen mehr Verantwortung übertragen, gleichzeitig werden sie mit ihrer Einrichtung bewusster, d .h. schonender umgehen, das spart Unterhaltungskosten. Auf der anderen Seite steht nunmehr Geld zur Verfügung, mit dem pädagogische Projekte ohne bürokratischen Aufwand finanziert und somit realisiert werden können.

Ein Kollegium muss sich einen breiten pädagogischen Grundkonsens selbst erarbeiten. Dies sollte ein Konsens sein, bei dem Abweichungen geduldet bzw. als erfreuliche Abwechslung vom Alltag angesehen werden.

Ein in sich zerstrittenes Kollegium ist einerseits mit Sicherheit kein engagiertes Team, andererseits spüren die SchülerInnen genau und schnell, dass sie Personen gegeneinander ausspielen können. Dies werden sie dann auch gleich ausprobieren; es wäre schon merkwürdig, ließen sie sich diese Chance entgehen.

Auf allen Ebenen des schulischen Lebens sollte das Interesse dahin gelenkt werden, allen beteiligten Gruppen -SchülerInnen, Eltern, LehrerInnen - soweit wie möglich tatsächliche Mitgestaltungs- und Mitbestimmungsmöglichkeiten einzuräumen, auch wenn dies anstrengender ist, als alles vorzubestimmen und ausführen zu lassen. Mitbestimmung heißt ja nicht, alle Vorstellungen einer Gruppe, z. B. der SchülerInnen, zu übernehmen, Mitbestimmung heißt, die Kinder, Jugendlichen und Eltern ernst nehmen, ihnen reale Möglichkeiten des Mitwirkens und des Gestaltens von Schule zu ermöglichen.

Gerade die Einbindung der SchülerInnen in das alltägliche Schulleben kann durch die Einübung und ständige Durchführung von Identität stiftenden Ritualen bzw. Gewohnheiten gelingen. Sei es z. B. durch den gemeinsamen Wochenbeginn in Gestalt einer kleinen, bisweilen feierlichen Schul-Stunde am Montagmorgen in der Aula. In dieser Versammlung könnten alle Gruppen, die in der Schule aktiv sind, über ihre Aktivitäten, Vorhaben und Ergebnisse berichten - eine Rundschau des schulischen Lebens! Berichtet und eventuell beschlossen werden könnte im Rahmen solcher Treffen z. B. die selbst erarbeitete Schulordnung mit ihren **Ver**-, aber gerade auch **Ge**boten. Denn es ist unerlässlich, dass jene Regeln, Verhaltensrichtlinien und Maßgaben, die das alltägliche Miteinander aller Gruppen in der Schule im friedfertigen Sinne bestimmen, zusammen mit den SchülerInnen erarbeitet, eingehalten und überwacht werden sollten. Ich appelliere an meine KollegInnen: Erarbeiten Sie mit ihren SchülerInnen Regelungen, und sei es auch nur für den Umgang miteinander in der eigenen Klasse, und Sie werden sehen, dass in vielem Übereinstimmung besteht und, wichtiger noch, dass Ihre SchülerInnen sich an solchen Vereinbarungen leichter orientieren und sie eher beachten. Abgesehen von der höheren inneren Bereitschaft zur Adaption mitgeschaffener Umgangsformen, ist zu beachten, dass Kinder und Jugendliche Orientierungen und Regeln suchen, die wir Erwachsene ihnen auch in Form von Grenzen aufzeigen müssen. Wenn Sie hierzu die partnerschaftliche Methode wählen, treffen Sie auf mehr Bereitschaft zur Annahme und Einhaltung. Ganz nebenbei üben Sie auch noch demokratische Umgangsformen ein.

Lassen Sie die SchülerInnen selbst einen Standpunkt zur Gewalt finden – und zwar möglichst dann, wenn dieses Thema nicht akut ist, und lassen Sie sie verschiedene Formen ausprobieren: Essay, Gedicht, Bilder, Collagen usw. Dies führt immer wieder zu interessanten Einsichten und ist effektiver und anhaltender, als wenn wir ihnen erzählen, sie mögen Gewalt doch bitte ablehnen.

Großen Erfolg erzielen die seit mehr als einem Jahrzehnt in vielen Schulen praktizierenden »Streitschlichter«; hiervon berichtet die Untersuchung des Bundesverbands der Unfallkassen Deutschlands (s. o.). Dort nämlich, wo die Betroffenen befähigt und angehalten werden, ihre eigenen Streitigkeiten mit Hilfe ausgebildeter, gleichaltriger »Mediatoren« (Vermittler)zu klären und in gegenseitigem Einverständnis und zur gemeinsamen Befriedigung zu lösen, treten Verletzungen auf Grund aggressiver Verhaltensweisen deutlich weniger auf. Langfristig gesehen sind solche Vereinbarungen, die die ehemaligen Streithähne miteinander aushandeln, oftmals in einfacher schriftlicher Form, häufiger alltagsfest, als wenn sich zunächst unbeteiligte Erwachsene um ein Urteil bemühen. StreitschlichterInnen sind für jede Schule ein Gewinn, warum gibt es sie nicht bereits überall? Bei der Etablierung dieser beiden Seiten des Konfliktes gerecht werdende Methode konnte auf Erfahrungen aus dem »Täter-Opfer-Augleich« (s. u.) zurückgegriffen werden. Beiden Methoden liegt die Erkenntnis zugrunde, dass selbst gefundene Lösungen, die in Form eines, zum Teil recht mühsam zustande gekommenen Kompromisses gestaltet wurden, bei beiden Kontrahenten auf eine deutlich erhöhte Akzeptanz stößt.

Ernst nehmen müssen wir LehrerInnen aber auch die Eltern unserer SchülerInnen, denn ohne oder gegen sie können wir Erziehung nicht leisten. Manchmal erscheint es nicht so, doch es gibt ein ursächlich gemeinsames Interesse von Eltern und LehrerInnen: das Wohl der Kinder. Dass dies zu vollkommen konträren Vorstellungen über die Methode, den Weg und sogar das Ziel führen kann, ist normal, hat nichts mit Unfähigkeit, Uneinsichtigkeit oder Vorurteilen der einen oder der anderen Seite zu tun. Gegenseitiger Respekt, auch wenn es bei manchen Vorkommnissen schwer fällt, ist unverzichtbar, soll das betreffende Kind nicht zwischen zwei Stühlen sitzen.

Deshalb plädiere ich für eine offene, aktive und kreative *Elternarbeit*. Dazu gehört die Möglichkeit, dass sich die Eltern einer Klasse erst einmal kennen lernen, damit sie eventuell engere Verbindungen eingehen können. Ich empfehle daher, dass die erste Elternversammlung einer neu zusammengestellten Klasse nicht ein obligatorischer Elternabend ist, sondern ein Elterntag, an dem sich alle im Laufe des Vormittags treffen und zusammen in freundlicher Atmosphäre ein zweites Frühstück einnehmen. Während dieser Zeit habe ich als Lehrer die Möglichkeit, erste persönliche Gespräche zu führen. Anschließend können sich in Kreisgesprächen Eltern gegenseitig vorstellen.

Auf diese Weise erfahren alle, welche Erwartungen, Hoffnungen und Wünsche existieren. Ich selbst lerne die Forderungen, Erwartungen und Vorstellungen kennen, die konkret an mich gerichtet sind. Danach kann ich erzählen, was mir wichtig erscheint, was ich vorhabe, welches die Anforderungen sind, wie ich mir ein positives Zusammenleben im Klassenverband wünsche und was ich zur Erreichung dieses Zieles vorhabe zu unternehmen.

Nachdem ich bei meinem letzten Elterntreffen auf diese Weise vorgegangen war, konnten wir nach einer längeren Pause dann die obligatorischen Formalia - Wahl der ElternvertreterInnen etc. - zügig über die Bühne bringen, da sich nun nicht mehr Unbekannte gegenübersaßen. Am Ende dieser Sequenz bat ich darum, dass sich möglichst viele Eltern auch aktiv beteiligen und sich nicht nur vertreten lassen möchten. Aktiv meint, Begleitung bei Wandertagen, Gestaltung des Klassenzimmers, Organisation und Durchführung von Festen, Hilfe bei Klassenfahrten etc.

Vor dem letzten Tagesordnungspunkt gab es Kaffee, Tee, Gebäck und Kuchen – und intensive Gespräche zwischen den Eltern.

Zuletzt führten wir eine Art »Brainstorming« durch: Wir schrieben auf große Plakate Themenvorschläge, die die Eltern uns zuriefen. Nachdem keine Vorschläge mehr unterbreitet wurden, hängten wir die Plakate auf und verteilten an jede Person so viele selbstklebende Punkte, wie Themen vorhanden waren. Nun sollte jeder bei dem Plakat die Punkte anbringen, dessen Thema ihn am meisten interessierte und das er sich am meisten wünschte. Dabei durften die Punkte überall verstreut, aber auch auf nur einem Plakat verklebt werden. Das Ergebnis ist für uns eine Verpflichtung: In der Reihenfolge des größten Interesses werden die von den Eltern gewünschten Themen aufbereitet und an den jeweils folgenden Elternversammlungen behandelt. Damit nehmen wir einerseits die Vorstellungen der Eltern ernst, andererseits haben wir thematisch interessante Elterntreffen, die auch rege besucht werden. Über mangelnde Aktivität und Unterstützung seitens der Elternschaft kann ich mich bis heute nicht beschweren.

Natürlich gehört zu einer akzeptierenden Elternarbeit auch, Kritik zuzulassen, einzustecken und gegebenenfalls das eigene Verhalten zu ändern. Offenheit bringt auch Offenheit der anderen Seite. Dann ist es schneller und effektiver möglich, problematische Entwicklungen der SchülerInnen gemeinsam zu erkennen, zu beraten und ihnen abzuhelfen. Dazu müssen wir LehrerInnen Informationen aus der Familie erhalten und vor allen Dingen ernst nehmen.

Genauso brauchen Eltern immer wieder Rückkoppelungen über Verhalten und Leistungsstand ihrer Kinder in der Schule. Der berüchtigte »Blaue Brief« ist ein formales und, bezogen auf den Lern- und Entwicklungs*prozess*, inadäquates Mittel, wird er doch erst versandt, wenn sich schon vieles verfestigt hat, was bei engerem Kontakt günstiger verlaufen wäre oder hätte vermieden werden können.

Es gibt aber auch Eltern, an die schwer oder gar nicht heranzukommen ist. Diese müssen eventuell zu Hause besucht werden - Hausbesuche sollten eigentlich, wenn die Zeit es zulässt, der Regelfall sein. Denn zur gesamten Persönlichkeit von Kindern und Jugendlichen gehört eben auch der häusliche Bereich.

Wenn aber Eltern keinen Kontakt wollen, dann haben LehrerInnen kaum eine Chance. Trotzdem empfiehlt es sich, alle Möglichkeiten und Methoden zu versuchen, um eine erfreuliche Beteiligung zu ermöglichen.

Bei Erfolglosigkeit dürfen LehrerInnen dann allerdings nicht vor der letzten Konsequenz zurück schrecken. Denn wenn sie verhaltensauffällige Kinder und Jugendliche haben und deren Eltern nicht bereit sind, mit der Schule zusammenzuarbeiten, dann bleibt nichts anderes übrig, als externe Hilfe zu organisieren. Dann ist der Schritt zum Jugendamt der richtige! Bedenken, dass so in die Familie eingegriffen wird, müssen zugunsten der Entwicklungschancen der Kinder und Jugendlichen zurückgestellt werden.

Seit einigen Jahren werden in den Schulen vermehrt Präventionsprogramme zur Förderung emotional-sozialer Kompetenz angeboten und durchgeführt. Beispiele dafür sind Programme wie »Faustlos« (Kindergarten und Primarstufe), »Fit for Life« (SEK I), »Anti-Bullying« nach Olweus (SEK I), »Buddy-Projekt« (SEK I), »Klasse 2000« (Primarstufe) oder »Erwachsen werden« (SEK I). So viel lässt sich schon vorweg sagen: Evaluationen haben gezeigt, dass an den Schulen, an denen eines der o. g. oder ähnliche Programme angewendet und tatsächlich gelebt wird, sich das Klima deutlich verbessert hat und die Elternarbeit intensiviert werden konnte. Diese Effekte ergeben sich dann, wenn alle Seiten ihre Aufgaben ernst nehmen und die Ziele der Programme nicht als bloße Postulate aufgestellt werden, sondern von allen Beteiligten akzeptiert und die entsprechenden Methoden angewendet werden.

Da ich selber als Trainer für das Programm »Erwachsen werden«, welches in Deutschland von Lions-Quest gesponsert wird, tätig bin und entsprechende Seminare für Unterrichtende und Erziehende durchführe, kann ich über dieses Programm und meine Erfahrungen sachkundig Auskunft geben. Ich schildere ein Beispiel:

Dienstagmorgens zu Besuch in einer Lerngruppe einer Hauptschule im Berliner Ortsteil Wedding, das heißt: In einer »Brennpunktschule«. Sieben Schülerinnen und fünf Schüler sitzen im Kreis an ihren Tischen und sind konzentriert. Nach einer kurzen freundlichen Begrüßung folgt meine Bitte, die Tische beiseite zu räumen. Am Ende der Stunde, in der sich die Lernenden mit ihren eigenen Gefühlen auseinandersetzen werden, sehen wir ringsherum fröhliche, zum Teil zufriedene, aber doch deutlich entspannte Gesichter. Wie das?

Die zwölf Hauptschüler und -schülerinnen, die sich – formal betrachtet - im 9. Jahrgang befinden, aber z.T. schon deutlich mehr Schuljahre hinter sich gebracht haben, bewältigen die Aufgabe, die Tische beiseite zu räumen, zügig, leise und mit freudiger Erwartung.

Schnell bilden sie einen Stuhlkreis, ein Teilnehmer verharrt im Stehen. Eine der Lernenden erläutert zur Erinnerung noch einmal die Spielregeln des nun folgenden »Energizers«, des »Aktivierungsspiels«, das zentraler Bestandteil der Methodik ist. Sie teilt die Mitspieler in verschiedene Obstsorten ein und das Spiel beginnt. Der stehende Spieler ruft eine Obstsorte auf, die Betroffenen müssen aufstehen und sich schnell einen neuen Platz suchen; derjenige, der nunmehr mehr keinen Stuhl gefunden hat, beginnt erneut. Beim Ausruf »Obstsalat« müssen alle die Plätze wechseln, ein wohl koordiniertes Chaos, in dem es heiter zugeht, entwickelt sich für eine ganz kurze Zeit.

Am Ende dieser Übung sind alle ein wenig erschöpft, aber hellwach und bereit, sich den kommenden Aufgaben zu widmen. Wieso können sich Neuntklässler einer Hauptschule für ein Spiel begeistern, das man eher in einer Grundschule für angebracht hält? Vielleicht lässt es sich am besten durch die Aussage eines Schülers erklären: »Es macht den Kopf frei!« Und diese Freiheit zum Denken und Nachdenken hilft den Jugendlichen, in der Folgezeit aufmerksam dabei zu sein. Denn heute soll es im Rahmen des großen Themenbereichs »Gefühle« um die Frage »Alles im Eimer?« gehen, welche die Schülerinnen weitestgehend selbsttätig bearbeiten sollen. Doch bevor der Bericht über diese Stunde fort geschrieben wird, einige wenige Anmerkungen über den Hintergrund.

Das Programm ERWACHSEN WERDEN, dem diese Unterrichtssequenz entnommen wurde, ist ein Kompendium, das den SchülerInnen so genannte Lebensbewältigungsstrategien - im Englischen kürzer und prägnanter: »life skills« - vermitteln soll; oder besser ausgedrückt: das die SchülerInnen befähigen soll, sich sozial verträgliche Strategien Schritt für Schritt selbst anzueignen.

ERWACHSEN WERDEN ist somit ein Präventionsprogramm, das Jugendliche befähigen soll,

- ihre »sozialen und kommunikativen Handlungsmöglichkeiten und Kompetenzen« zu verbessern;
- ihre »Standfestigkeit gegen negativen sozialen Druck« zu trainieren und
- »Informationen über Wirkung und Risiken von Suchtmitteln« altersgemäß zu verarbeiten.

Hier werden die Kinder und Jugendlichen weder mit dem erhobenen Zeigefinger, noch im Ton moralischer Betroffenheit und von oben herab belehrt, sondern den SchülerInnen wird in den jeweiligen Abschnitten, selbstverständlich in jeder einzelnen Stunde, die Möglichkeit zur Selbsttätigkeit geboten. Es wird dem Grundsatz, dass »Belehrung niemals gegen Erfahrung ankommt«, Rechnung getragen; und folglich sollen die jungen Menschen selbst erarbeiten und erkennen, wo ihre Chancen, Talente, aber auch Risiken liegen. Darin unterscheidet sich dieser Ansatz von puren Repressionsmaßnahmen ebenso wie von bloßer Informationsvermittlung, die zumeist abschreckende Wirkungen beabsichtigen, aber oft keine Erfolge erzielen. Indem ERWACHSEN WERDEN das soziale Umfeld nicht außer Acht lässt, geht es natürlich weit über ein »Standfestigkeitstraining« sowie über Methoden der »affektiven Erziehung« hinaus.

Die Themenbereiche von ERWACHSEN WERDEN, die von den Kindern und Jugendlichern idealtypisch binnen zweier Schuljahre erarbeitet werden sollen, sind die Folgenden:

- Meine Klasse
- Stärkung des Selbstvertrauens
- Mit Gefühlen umgehen
- Die Beziehungen zu meinen Freunden
- Mein Zuhause
- Ich entscheide für mich selbst
- Ich weiß, was ich will

Eine weitere Stärke von ERWACHSEN WERDEN besteht darin, dass die Unterrichtenden mit Nachdruck angehalten werden, eine unterstützende Elternarbeit zu organisieren. So wurden zu jedem der o. g. sieben Bereiche ein erläuternder Elternbrief entwikkelt und dem »Handbuch für Lehrerinnen und Lehrer« beigefügt. In einem Extrakapitel werden weitere Vorschläge für eine kooperative, konstruktive und kontinuierliche Zusammenarbeit mit den Erziehungsberechtigten unterbreitet.

Bevor ich zum Unterrichtsgeschehen und der Frage zurückkomme, was dem einführenden Energizer folgt, soll an dieser Stelle kurz veranschaulicht werden, was »Energizer« sind und wozu sie dienen:

Energizer sind Aktivierungsspiele (um sich wieder mit Energie »aufzuladen«), die neben dem Spaß in der Regel noch einem zweiten Aspekt dienen, nämlich

- Kennen lernen - Gemeinschaft fördern;
- Paare/Gruppen einteilen;
- Entspannung und Konzentration fördern;
- Kooperation fördern;
- Bewegung und Koordination fördern.

Energizer werden Zweck gebunden eingesetzt, sei es um die Aufmerksamkeit zu Beginn einer Sequenz herzustellen, sei es, um z. B. für den folgenden Schritt Gruppen einzuteilen oder sei es, um die Überleitung in die nächste inhaltliche Bearbeitung gelingen zu lassen. Eines ist sicher - und dies zeigt ebenso die Erfahrung aus den Seminaren mit den Erwachsenen -, der Spaß kommt dabei nicht zu kurz. Allein deshalb stoßen Energizer auf eine enorm hohe Akzeptanz bei den Teilnehmenden.

Zurück in die Lerngruppe.

Den didaktisch-methodischen Grundgedanken von ERWACHSEN WERDEN folgend wird den jungen Menschen anhand visueller Hilfen behutsam die Problemstellung näher gebracht: Satz für Satz wird vorgelesen, wie ein Tag im Leben des fiktiven Schülers Philipp abläuft. Es ist ein Tag nahezu wie jeder andere, aber dennoch mit einigen besonderen Erlebnissen angereichert. Immer dann, wenn Philipp ein kleines oder großes Erlebnis hatte, stoppt der Vortragende und innerhalb der Gruppe wird per Handzeichen abgestimmt, ob dieses als schön oder nicht schön zu werten ist. Je nachdem wie die Entscheidung ausfällt, wirft eine Schülerin eine Murmel in den positiven oder in den negativen »Eimer« (Tafelwassereimer mit einem »strahlenden« und mit einem »schmollenden« Smile beklebt). Diese beiden Eimer symbolisieren den Gefühlsspeicher eines jeden Menschen. Nach einigen Stopps, Abstimmungen und getroffenen Murmeln gelangt die kleine Geschichte an ihr Ende, die Eimer sind gefüllt. In einer spannenden Diskussion mit vielen interessanten Details wird das Ergebnis ausgewertet.

Wie kommt es, dass diese SchülerInnen, die an ihren vorherigen

Schulen bereits als Versager und Schwänzer galten, so motiviert und ernsthaft bei der Sache sind? Warum machen die das?

Um diese Frage zu beantwortet, möchte ich Ihren Blick auf einige wenige, aber hoch wirksame Faktoren lenken:

- die Themen sind der Erfahrungswelt der jungen Menschen entnommen;
- das Selbsterarbeiten und -erkennen in Koppelung mit Visualisierung und Energizers fördern die Motivation;
- den Lernenden werden realistische Strategien zur Alltagsbewältigung angeboten;
- die Unterrichtenden nehmen sich weitgehend zurück, sie moderieren und bieten an, belehren aber nicht.

Im Folgenden erarbeiten die SchülerInnen in Gruppen- und Partnerarbeit, wie sie selbst mit verschiedenen Gefühlen angenehmer oder unangenehmer Natur umgehen, welche Tipps sie sich untereinander geben wollen und wie man sich gegenseitig unterstützen und aufbauen kann. Am Ende der heutigen Lerneinheit steht eine Feedback-Runde und zum Abschluss gibt es noch einmal einen Energizer (ausführlicher in: Kuhlmann 2002).

Der Erfolg solcher Unterrichtseinheiten und deren Methodik zeigen deutlich, dass wir unseren alltäglichen Unterricht auf die Beteili gungsmöglichkeiten der SchülerInnen hin überprüfen und in diesem Sinne abwandeln müssen. Alle Formen des »Offenen Unterrichts«, bei dem die SchülerInnen ihr Wochenpensum selbst bestimmt erledigen, oder des »Handlungsorientierten Unterrichts« sind hier willkommene Didaktiken, die den Kindern und Jugendlichen die Langeweile vertreiben und das Gefühl verstärken, ernst genommen zu werden. Das Wissen um und das Vertrauen in die eigenen Fähigkeiten sind Bausteine einer Pädagogik, die über Selbstvertrauen die Toleranz anderen gegenüber fördert. Wer vor sich selbst keine Angst hat, tritt anderen gegenüber nicht ängstlich auf, hat nicht das Gefühl, die Stärken des anderen abwehren zu müssen.

Wir müssen auch im nicht fachgebundenen Rahmen unserer pädagogischen Tätigkeit Methoden anwenden, die die Ich-Stärke der Individuen und den Zusammenhalt in der Gruppe fördern.

Ein Beispiel:

Der *Flüsterstuhl* (Primarstufe). In regelmäßigen Abständen kommt jede/r SchülerIn einmal auf diesen Stuhl. Nun dürfen alle MitschülerInnen, die das wollen, ihr/ihm etwas »Schönes« ins Ohr flüstern. Die Kollegin, die mir von dieser Methode berichtete, sagte auch, dass bisher die Regeln noch nicht gebrochen wurden, keine/r hatte etwas Negatives gesagt, niemand wurde auf dem Stuhl allein gelassen. Natürlich nicht, denn schließlich sitzt jede/r SchülerIn einmal dort und will dann auch nicht als negatives Beispiel dienen.

Eine Methode, die uns vielleicht zehn bis fünfzehn Minuten pro Woche »kostet«, die aber bei den Kindern manchmal zu Tränen der Freude und Rührung führt! Dabei sind zwei Fliegen mit einer Klappe geschlagen, nämlich einerseits das Selbstbewusstsein und -vertrauen des Einzelnen gestärkt (»Ich mag dich, weil du immer soviel Späße machst«), andererseits wurde der Lerngruppe verdeutlicht, wie positiv es sein kann, verschiedene Charaktere, in einem Verband zu haben. Die Andersartigkeit als Reichtum begreifen, nicht als Bedrohung, das ist Ziel dieser Übung!

Stellvertretend für zahlreiche Methoden und Ansätze, die darzustellen den Rahmen dieses Buches bei weitem sprengen würde, seien hier drei Konzepte vorgestellt, die aus der Praxis hervorgegangen und wegen ihrer praktischen Anwendbarkeit zu empfehlen sind.

Zum Umgang mit Konflikten und Aggressionen im Unterricht

Ein erstes Konzept zur »gewaltfreien Konfliktlösung im Klassenzimmer« hat Jamie Walker vorgelegt. Walker geht davon aus, dass die Bereitschaft zur Gewaltanwendung bei jenen SchülerInnen höher ist, die über ein defizitäres Selbstbewusstsein verfügen. Dieses geringe Selbstwertgefühl wird auf andere projiziert, und Gewalt gegen diese Personen dient dann der Stärkung des eigenen Ichs durch Erniedrigung des Opfers. Aggressive Verhaltensweisen von LehrerInnen, Leistungsdruck und mangelnde Mitgestaltungsmöglic hkeiten der SchülerInnen sind weitere Quellen, aus denen sich die Gewaltbereitschaft speist.

Dem setzt Walker ein Konzept entgegen, das in erster Linie für die Primar- und Sekundarstufe I gedacht ist und das darauf zielt, durch die Vermittlung von sozialen Fähigkeiten konstruktiv und gewaltfrei mit Konflikten umzugehen. Ihr Konzept soll aber nicht nur ein Programm für die SchülerInnen sein, sondern auch überprüfen, wie Schulkultur und das Verhalten der Lehrkräfte zur Entwicklung einer positiven Lehr- und Lernatmosphäre beitragen können. Es ist ein Präventivansatz, der davon ausgeht, dass die prophylaktische Konfliktarbeit (z. B. durch Spielstunden) ein bis zweimal die Woche stattfindet. Das Erlernen sozialer Fähigkeiten soll aber auch ausdrücklich durch die Integration spielerischer Methoden in den Fachunterricht erfolgen. Auf diese Weise hofft Walker, langfristig eine Steigerung des Selbstwertgefühles der SchülerInnen erreichen zu können.

Ihrem Ziel gemäß hat Walker ihren Ansatz in mehrere Bereiche untergliedert:

Zunächst wird geklärt, welche Situation im Klassenzimmer in Bezug auf Konflikte besteht. Danach bieten sich zur Bearbeitung der festgestellten Situation sieben Elemente an:

1.) Achtung vor sich selbst und anderen
2.) Zuhören und Verständnisbereitschaft
3.) Einfühlungsvermögen
4.) Selbstbehauptung
5.) Zusammenarbeit in der Gruppe
6.) Aufgeschlossenheit und kritisches Denken
7.) Phantasie, Kreativität, Spaß.

Um diese sieben Elemente in den Unterricht bzw. in den Schulbetrieb sinnvoll einbringen zu können, bietet Walker in ihrem didaktischen Abschnitt sechs Themenbereiche an, zu denen sie Materialien gesammelt und veröffentlicht hat:

1.) Kennen lernen und Auflockern
2.) Bestätigung des Selbstwertgefühls
3.) Kommunikation
4.) Kooperation
5.) Gleichberechtigter Umgang zwischen Jungen und Mädchen
6.) Gewaltfreie Konfliktlösung.

Es ist möglich, einzelne Aspekte des Walker-Konzepts für sich zu nehmen und zum Unterrichtsgegenstand zu machen. Meine eigenen Erfahrungen mit Teilen des Konzeptes waren bisher überwiegend positiv.

Kurt-Christian Tennstädt und andere legten das von ihnen entwikkelte und praxiserprobte »Konstanzer Trainingsmodell« (KTM) vor, das in den Jahren 1978 bis 1987 im Rahmen eines Forschungsprojektes der Universität Konstanz erarbeitet wurde. Der Vorteil dieses Modells ist seine praktische Umsetzbarkeit, der Nachteil ist darin zu sehen, dass die Umsetzung möglichst im »Tandemunterricht« geschehen sollte. Die LehrerInnen, die von den SchülerInnen immer wieder Gruppenfähigkeit und Teamgeist einfordern, sind selbst häufig EinzelkämpferInnen und nicht selten bevorzugen sie aus vielerlei (schlechten) Gründen diese Situation. Außerdem erfordert die Praktizierung des KTM zusätzliche finanzielle Mittel, die wir derzeit nicht erwarten können.

Das KTM beschäftigt sich mit dem Umgang mit Aggressionen und Störungen während des Unterrichts. Hierbei werden zwei große Schritte vorgenommen: Im ersten Schritt soll ein Bewusstwerden über bisherige Reaktionen, Gefühle, Annahmen und Ziele der Lehrperson erreicht werden. Im zweiten Schritt bietet das KTM Anregungen und Übungen an, die helfen sollen, eine angespannte Situation zu entkrampfen.

Das KTM fragt in erster Linie nach dem möglichen **LehrerInnenanteil** an Störungen. Diese können durch einen verwirrenden Erziehungsstil, durch Kränkung von SchülerInnen, durch Wahrnehmungsstereotypen, durch Über- bzw. Unterforderung, durch eintönige Unterrichtsformen, durch mangelnde Planung sowie durch einen Beziehungs- und Begegnungsmangel entstehen. Die Autoren gehen davon aus, dass durch die Änderung des methodisch-didaktischen Stils Veränderungen erreicht werden können, ohne dass hierbei bei den SchülerInnen angesetzt werden muss (was in unserer Berufskaste oft getan wird).

Ziel ist eine Lehrpersönlichkeit, die sich durch Selbstsicherheit einerseits und durch einen Interaktionsstil andererseits auszeichnet, der beide Seiten, Lehrende und Lernende, befriedigt.

Selbstkritisch werden als mögliche Grenzen des Modells angeführt: eine zu starke Einschränkung der eigenen Persönlichkeit, ein Nichtgelingen des Abbaus von Aggressionen, sondern nur ein bestmöglicher Umgang mit ihnen sowie das Scheitern beim Aufbau persönlicher Beziehungen zwischen LehrerInnen und SchülerInnen.

Trainingsbögen mit zehn Trainingselementen helfen den Unterrichtenden, eine individuelle Schwerpunktwahl zu treffen, damit sie dann in Tandemarbeit mögliche Handlungsstrategien aufstellen können.

Die Trainingselemente strukturieren sich wie folgt:

a) Aktivierung der eigenen Kenntnisse und Erfahrungen = entdeckendes Lernen;
b) Wissensvermittlung = rezeptives Lernen;
c) Umsetzung in Verhalten und Verknüpfung mit eigenen Kenntnissen.

Sie werden in verschiedenen Handlungsphasen angewendet:

1.) Situationserfassung

Das eigene Rezeptions- und Reaktionsrepertoire beeinflusst die Wahrnehmung und Erklärung der Störung und steuert somit die Auswahl der Handlungsziele.

Ziel ist es hier, die Veränderung der Wahrnehmungsstrategie, der Erklärungsmuster, der (stereotypen) Zuordnungsstrategien und der Zielvorstellungen für den täglichen Umgang zu erreichen.

Die Unterrichtenden sollen sich z. B. darüber Rechenschaft ablegen, inwieweit sie eine Schülerperspektive oder deren Emotionen wahrnehmen und berücksichtigen. Gleichzeitig müssen sie die die Wahrnehmung einschränkende Funktion der eigenen Gefühle realisieren.

Der Überprüfung müssen auch die eigenen, bisweilen eingeschränkten Erklärungsmuster standhalten: LehrerInnen sollten von einer möglichst positiven Erklärung ausgehen: »Der Karl ist nicht schlechthin ein Störenfried und lauert dementsprechend auf günstige Gelegenheiten, vielleicht ist er im Moment schlichtweg überlastet«.

Es ist wichtig, Verhaltensdeutungen auf eine spezifische Situation zu beziehen, statt übergreifende Erklärungsansätze zu verwenden. Erzielt werden kann ein besseres Verständnis des anderen z. B. mit einem Schüler-Lehrer-Partnerinterview, bei dem die jeweils andere Rolle übernommen werden muss.

Lassen sich die als belastend empfundenen Situationen dann kategorisieren und somit leichter korrekt einschätzen, können eigene Zielvorstellungen zum Umgang mit Aggressionen formuliert werden, sowohl in didaktischer (Stoffauswahl und -vermittlung), als auch in pädagogischer Hinsicht (Erziehung). Um Zielkonflikte zu vermeiden, ist eine Hierarchisierung der aufgestellten Ziele hilfreich: Strebe ich lang- oder kurzfristig eine Veränderung an? Entscheide ich mich für ein sachbezogenes oder beziehungsorientiertes Ziel? Plötzliche Zielwechsel oder das Auftreten widersprüchlicher Ziele müssen vermieden werden.

2. Handlungsauffassung

Die Auswahl der Handlungspläne wird davon beeinflusst, wie die LehrerInnen mit Stress und Handlungsdruck umgehen können.

Ziel ist hier, eine Veränderung der Wissensbestände, des Reaktionsrepertoires und ein neues Umgehen mit Handlungsdruck sicherzustellen.

Fünf mögliche Strategien zum Umgang mit Störungen werden ausführlich diskutiert:

a) Unerwünschtes Verhalten hemmen

Eingeübt werden sollen Verhaltensweisen, die vom Ignorieren bis zum nonverbalen Reagieren durch Mimik und Gestik reichen. Zu vermeiden sind lange Erklärungen und Verteidigungsreden, warum gerade auf diese Störung reagiert wird. Auch die Bloßstellung des »Störers« vor der gesamten Klassengemeinschaft sollte tunlichst unterlassen werden.

Stattdessen sollten gemeinsame Zeichen vereinbart werden, die einen sofortigen Abbruch der Störung gewährleisten. Dies kann ich versuchen, in dem ich mit dem betreffenden Schüler vereinbare, dass ich den Finger auf den Mund lege, wenn er wieder einmal verbal stört. Unterbricht er seine Störung, folgt auf diese erwünschte Handlung der nach oben gestreckte Daumen.

b) Negative Anregungen vermeiden

Dies zielt explizit auf mein Verhalten vor der Klasse ab. Bin ich selbst aggressiv, schreie, tobe oder wende ich gar Gewalt an, so werde ich meinen Schutzbefohlenen kein nicht-aggressives und nicht-gewalttätiges Verhalten vermitteln können.

c) Positive Anregungen bieten

Einfühlungsvermögen, Humor und Gelassenheit schaffen eine positive Lernatmosphäre, die dann weiterhin entspannt bleibt, wenn die Situation für die Lernenden übersichtlich bleibt und ihre Interessen angemessen berücksichtigt werden. Ironie und Sarkasmus zerstören viel und erreichen in der Regel wenig, gehen sie doch zumeist einseitig zu Lasten der SchülerInnen.

d) Persönliche Bewertungen und Sichtweisen verändern

LehrerInnen sollten sich darum bemühen, Konfliktsituationen zu »entdramatisieren«, womit nicht Verdrängen gemeint ist. Wichtig erscheint es zu akzeptieren, dass Störungen vorkommen und dass sie auch von den Unterrichtenden angeregt sein können. D. h., ich als Lehrer muss begreifen, dass ich möglicherweise für eine Störung ursächlich verantwortlich bin. Zur Entspannung von Konfliktsituationen kann es nützlich sein, dass LehrerInnen ihre eigenen Gefühle artikulieren, sind sie doch oftmals Konfliktpartei und Konfliktpädagoge zugleich.

e) Erwünschtes Verhalten fördern

»Hast du dein Kind heute schon gelobt?«, mit diesem (Frage-) Slogan wurde in den 70er Jahren die Einstellung gefördert, statt mit Strafe mit Lob, also dem positiven Verstärken, gewünschte Verhaltensweisen zu fördern. Dies kann auch erreicht werden, indem alle in der Klasse Agierenden sich ein gemeinsames Regelwerk erarbeiten. Dies könnte auch dabei behilflich sein, dass LehrerInnen ihre Abwehr-Reaktionen auf »Ich-Botschaften« der Kinder und Jugendlichen kritisch überprüfen und auf so genannte Beziehungsblocker (»Du willst doch wohl erwachsen sein?!«) oder Killerphrasen (»Sei doch einfach mal sachlich«) künftig verzichten.

Die Autoren stellen den Unterrichtenden Trainingselemente zur Verfügung, die ihnen die Entscheidung erleichtern sollen, ob auf eine Störung kurz oder ausführlich reagiert werden soll. Trainiert werden mögliche Zwischenhandlungen, die einen Zeitgewinn bringen, auch um unbefriedigende Stressreaktionen zu vermeiden.

3. Handlungsausführung

Das neue Verhalten soll nunmehr reautomatisiert werden. Zunächst erproben die LehrerInnen ihre neuen Verhaltensweisen im Rollenspiel, wobei eine Fremdkontrolle, z. B. durch Supervision mit anschließender Reflexion, unerlässlich ist.

Alsdann werden diese Verhaltensweisen in der Praxis in die Tat umgesetzt.

4. Handlungsergebnisauffassung

Es soll an dieser Stelle überprüft werden, ob tatsächlich eine Veränderung der Wahrnehmung und der Bewertung der Reaktionen seitens der SchülerInnen stattgefunden hat.

Die Emotionen der LehrerInnen, die in die Handlung eingehen oder sie leiten, werden in einzelnen Trainingselementen gesondert behandelt. Dazu gehören jene Gefühle, die die Wahrnehmung bewusst oder unterbewusst beeinflussen, z. B. Versagensängste. Des Weiteren gehören Unterrichtsängste und Selbstzweifel ebenso zu den genannten Emotionen wie eine mögliche negative Selbstwahrnehmung seitens der LehrerInnen.

Das KTM lässt sich von dem Grundgedanken leiten, dass diejenigen, die das Verhalten von Kindern ändern wollen, auch das der LehrerInnen ändern müssen. In der kritisch-solidarischen Betrachtung der Unterrichtenden und ihrer ganzen Persönlichkeit und in der Absage an ein Verständnis der Lehrerrolle, die den unterrichtenden Menschen hinter einer (strahlenden) Maske versteckt, liegt die wahre Stärke des »Konstanzer Trainingsmodells«.

Als dritter Ansatz sei die an vielen Schulen praktizierte Methode des sozialen »Trainingsraums« kurz skizziert.

Bei dieser Methode werden jene SchülerInnen in den Fokus genommen, die immer wieder den Unterricht stören und die Lernatmosphäre torpedieren.

Es wird dabei davon ausgegangen, dass der Störer eine Auszeit bzw. Denkpause benötigt, um über sein destruktives Verhalten zu reflektieren; aber die Unterrichtenden können dies nicht mitten im laufenden Unterricht leisten, sitzen da doch noch mehr junge Menschen, die sowohl lernen wollen als auch beaufsichtigt werden müssen. Der Störer sucht nun den Trainingsraum auf, in welchem ein Pädagoge ihn erwartet. Hier hat er nun die Gelegenheit, seine Sichtweise zu äußern und sich über seine Motive selbst klar zu werden.

Danach muss er reflektieren und analysieren, gegen welche Regeln des Zusammenlebens und –lernens in der Schule er verstoßen hat, um im Anschluss einen so genannten »Rückkehrplan« zu entwerfen. Diesen Plan bespricht er mit genau jenem Erwachsenen, der ihn zuvor aus dem Klassenraum gewiesen hat. Beide erörtern den Rückkehrplan und wenn er auf Einverständnis stößt, darf der ehemalige Störer zurück in den Unterricht; wenn nicht, muss er seinen Rückkehrplan überarbeiten und eventuell ergänzen.

Dieses Vorgehen ermöglicht es dem Unterrichten einerseits, angemessen auf die Störungen einzugehen und dem *Delinquenten* einen konstruktiven Weg der Verhaltensänderung aufzuzeigen; anderseits kommen der Lernstoff und die MitschülerInnen auch nicht zu kurz. Der Aufsichtspflicht sowohl gegenüber der Lerngruppe als auch dem einzelnen Störer gegenüber wird nachgekommen. Und, indem der Ex-Störer nach der Einigung über den Rückkehrplan in seine Lerngruppe zurückkehrt, die zumeist ja auch ein wichtige peer group ist, wird für jeden Beteiligten sichtbar, dass hier eine Auseinandersetzung friedvoll und konstruktiv gemeinsam gelöst wurde.

Dem Störer selbst wird deutlich ein Stopp-Zeichen gegeben, sein antisoziales Verhalten beendet und ausgebremst. Er erhält die Möglichkeit über sich und seine Verhaltensweisen zu reflektieren, mit oder ohne Hilfe eines am Konflikt Unbeteiligten. Mit Hilfe des Rückkehrplans wird ihm eine konstruktive Möglichkeit gewährt, auf der Grundlage eigener Gedanken und Einsicht zu einem anderen, sozial verträglichem Handeln zu gelangen, welches auch seiner persönlichen Entwicklung zahlreiche Vorteile bietet.

Wenn wir uns die Gründe und Ursachen anschauen, warum einzelne Schüler zu Amokläufern wurden (s. o.), so stellt diese Methode der Befriedung von Konflikten meines Erachtens einen Weg dar, der zur effektiven Prävention und somit zum Schutz vor solch gravierenden Taten führen kann; eine Garantie auf Erfolg gibt es aber nicht. Dem »Täter« wird hier sowohl disziplinarisch als auch konstruktiv hilfreich begegnet wird. Dies schafft eine Atmosphäre, in der Vertrauen aufgebaut und wachsen kann.

Einen gänzlich anderen, erfolgreichen Weg ist die Ferdinand-Freiligrath-Schule, eine Hauptschule, in Berlin-Kreuzberg gegangen. Die Schule suchte sich einen privaten Sponsor und zog verschiedene KünstlerInnen heran, die die Kinder im Wahlpflichtbereich unterrichteten. Das Projekt namens »KIDS« (**K**reativität **I**n **D**er **S**chule) ermöglichte es allen, verschiedenste Kulturbeiträge (kurdische, türkische, arabische, deutsche etc.) produktiv in das schulische Leben zu integrieren. So lernen einige Kinder unter Anleitung einer Fachkraft das Schreiben von Gedichten – und dabei auch die deutsche Sprache. Andere üben sich im Schauspiel, die nächsten kochen und gewährleisten so, dass die Kantine im Eigenbetrieb für ein geringes Geld jeder/m SchülerIn eine warme Mahlzeit zur Verfügung stellt. Die einst verwaiste Aula ist nun wieder häufiger Mittelpunkt eines wirklichen schulischen *Lebens*. Darin liegt die unbestreitbare Stärke und der Grundstein des Erfolgs von KIDS. Das reale Leben findet in der Schule statt! Durch die Integration vieler kreativer Aktivitäten konnten verschiedene Kulturen tatsächlich einander näher gebracht, Selbstwertgefühle der Kids gesteigert und gefördert und somit Schulfrust und -unlust, die oft zu Vandalismus und Gewalt gegen Menschen führen, schrittweise positiv abgebaut werden. Wenn Sie nun einwenden, nicht jede Schule könne Finanziers finden, so mag dies stimmen. Trotzdem ist dies in vielerlei Hinsicht ein erfreulicher Ansatz, der mit Sicherheit Beispielcharakter hat!

Zu den oben geforderten und hier teilweise skizzierten Methoden gehört auch, SchülerInnen bei Misserfolgen hilfreich zur Seite zu stehen und nicht nur zu lamentieren. Und noch einmal: Jeglicher Zynismus und andere, die SchülerInnen beleidigende und/oder verletzende Unterrichtsstile haben nichts in der Schule zu suchen!

Zur Aufklärung und Auffindung eigener Feindbilder empfehle ich folgendes Vorgehen:

Trennen Sie eine Tafel in zwei Hälften. Nun fordern Sie die SchülerInnen auf, sie möchten Ihnen nennen, was sie gehört haben, welche Eigenschaften typisch deutsch seien. Fragen Sie nicht: »Was denkt ihr, was sind ...?« Lassen Sie Ihren Schützlingen den Schutz des anonymen »Was-habt-ihr-gehört?«

Nun wird in der Regel in etwa folgendes dabei herauskommen:

Deutsch ist
- Sauber
- Pünktlich
- Fleißig
- Ordentlich
- sexuell beherrscht

Sollte die letzte Angabe nicht erfolgen, so sollten Sie diese bei älteren SchülerInnen hinzufügen. Wie bereits vorher aufgezeigt, haben rassistische Ansichten viel mit sexistischen Auffassungen gemeinsam, und so kommt es immer wieder vor, dass Fremden sexistische Eigenschaften zugeordnet werden.

Im nächsten Schritt wischen Sie unauffällig die Überschrift »Deutsch ist« weg und fordern Ihre SchülerInnen auf, jetzt immer den gegenteiligen Begriff zu finden.

- Sauber	- Dreckig
- Pünktlich	- Unpünktlich
- Fleißig	- Faul
- Ordentlich	- Chaotisch
- sexuell beherrscht	- kann + will immer

Die Aufzählung kann natürlich ergänzt werden, aber eines wird bereits jetzt schon deutlich: Auf welcher Seite findet sich die typische Beschreibung des »Ausländers«? Natürlich auf der rechten Seite, denn alle jenen Eigenschaften, die uns während unserer Sozialisation ausgetrieben wurden, die wir nicht haben dürfen, obwohl wir sie vielleicht wollen, oder die uns heute Angst machen, werden auf *das* »Fremde« übertragen.

Wenn wir uns vergegenwärtigen, wen die kollektive Ablehnung als Fremde in der Geschichte der Bundesrepublik Deutschland traf, so waren es zunächst die so genannten »Gastarbeiter«, bevor es Ende der sechziger Jahre erstmals Deutsche selbst, die revoltierenden StudentInnen (»Weg mit langhaarigen Affen, lasst deutsche Bauarbeiter schaffen«) traf, um dann wieder auf ausländische Menschen, zumeist türkische, übertragen zu werden; heute trifft es die zumeist die Muslime in unserem Land. Alle haben eines gemeinsam: Sie gaben und geben Feindbilder ab, die kollektiv als Blitzableiter funktionalisiert wurden. Es ist nicht nur inhaltlich wichtig, sondern für Heranwachsende auch emotional interessant, wie dieses Schema funktioniert und warum Fremde aus diesem Grunde prädestinierte Opfer von Gewalt sind.

Täter und Opfer

Damit möchte ich überleiten zu einem Punkt, der zwar unangenehm ist, der bei diesem Thema aber angesprochen werden muss:

Kommt es zu Gewaltanwendung, so ist es unerlässlich, **eindeutig, schnell und konsequent** zu handeln. Das bedeutet an allererster Stelle: hingucken und nicht wegschauen. Viele negative Erscheinungen in der Schule könnten schon in der Entstehung verhindert werden, wenn LehrerInnen zum einen ihrer Aufsichtspflicht tatsächlich und gewissenhaft nachkämen, zum anderen genau hinsähen und gegebenenfalls eingriffen. Das Ignorieren von Gewalttätigkeiten führt dazu, dass die SchülerInnen binnen kürzester Zeit begreifen, dass diese nicht geahndet werden und deshalb anwendbar sind.

Eindeutig meint, dass ich - sofern es mir möglich ist, sonst muss ich Hilfe holen (lassen) - die Gewaltanwendung sofort unterbinde und nicht weiter zulasse. Auch wenn einige SchülerInnen mit dem Ausspruch »Ist doch nur Spaß« reagieren. Dann ist es meine Aufgabe, ihnen zu verdeutlichen, dass dies kein Spaß mehr ist. Eindeutigkeit verbietet aber auch das augenzwinkernde »Absenden« zweideutiger Signale: »Du sollst nicht schlagen, obwohl der es eigentlich verdient hat«.

Schnell heißt: Ich warte nicht ab, bis einer verletzt ist, (altersbedingte »harmlose« Rangeleien sind hier nicht gemeint) sondern ich nehme die Tat wahr, ordne sie ein und reagiere so schnell wie möglich.

Konsequent bedeutet, dass eine Tat für den oder die Täter nicht folgenlos bleiben darf. Als Folge kommt je nach dem, was passiert ist, vieles in Frage: Gespräche, schriftliches Reflektieren oder eben Disziplinarstrafen. Jedenfalls ist zu beachten: Nicht nur reden, sondern auch handeln! Werden Strafen verhängt, so muss neben dem disziplinarischen unbedingt der helfende Aspekt berücksichtigt werden.

Als Beispiel einer konstruktiven Tataufarbeitung kann ein exemplarischer »Täter-Opfer-Ausgleich« (TOA) skizziert werden. Der TOA ist dem Jugendstrafrecht entnommen, wo er seit einigen Jahren festgeschrieben ist.

Wenn das Opfer einverstanden ist, und wirklich nur dann, sonst würde das Opfer zum zweiten Mal in eine demütigende Rolle gedrängt, werden Opfer und Täter zunächst in getrennten Gesprächen auf ein Täter-Opfer-Ausgleichsgespräch vorbereitet. Sollte materieller Schaden entstanden sein, so muss der Ausgleich dieses Schadens als erstes geregelt werden.

Hier empfiehlt es sich, in der Schule einen Schadensausgleichsfonds zu organisieren, der finanziell, so möglich, durch Arbeit der Täter immer wieder gespeist wird, um den unpersönlichen Ausgleich durch Vaters oder Mutters Haftpflichtversicherung zu umgehen; die Täter bekommen sonst kein Verhältnis zu den von ihnen verschuldeten Schäden. Eine Möglichkeit zur Einrichtung eines Schadensfonds wäre die der Gründung eines gemeinnützigen Schulfördervereins, der sich auch die Schadensregulierung zum Ziel setzt. Dann muss ein fiktiver Stundenlohn gefunden werden, für den der Täter dann »Ersatz« leistet, um ihn nicht seiner Wiedergutmachungspflicht zu entheben.

Nun kann das gemeinsame Gespräch beginnen, wobei zunächst das Opfer dem Täter nahe bringt, was dieser durch seine Tat gerade auch seelisch angerichtet hat, während der Täter schweigen muss. Diese Auseinandersetzung mit dem Opfer und seinen Folgen durchbricht das Tätervorhaben, welches das Opfer und dessen Schaden zum Zwecke der Selbstrechtfertigung als absolutes Tabu sieht.

Die Erfahrungen mit diesem Vorgehen sind überzeugend. Den Tätern wird angeboten, dass bei erfolgreichem Absolvieren des TOAs Straffreiheit erfolgt - Therapie statt Strafe. Die Erfolge dieses Verarb eitungsinstrumentes sind tatsächlich so positiv, dass ernsthaft an eine Ausdehnung auf das Erwachsenenstrafrecht gedacht wird.

Dieses Instrument basiert auf der Erfahrung vieler im Umgang mit Verbrechen versierter Personen, die herausfanden, dass die meisten Opfer weniger Interesse an einer formalen Bestrafung (Geld-

oder Gefängnisstrafe) haben, als vielmehr daran, dass die Täter hautnah nachempfinden sollen, welche Ängste, Demütigungen und Verletzungen sie ausgelöst haben. Die meisten Opfer, die an TOA teilnahmen, waren anschließend befriedigt über den Ausgang, zeigten weniger Ängste, trauten sich z. B. abends wieder auf die Straße.

Viele Täter brachen innerlich zunächst zusammen, konnten sich aber im Laufe des Gesprächs wieder berappeln und neue Hoffnung im Sinne einer Verhaltensänderung schöpfen. Vorliegende Zahlen zeigen auch, dass Täter, die einen TOA erfolgreich durchlaufen, bei weitem nicht so häufig unter den Wiederholungstätern zu finden sind wie andere. Durch den TOA können wir der Befriedungsfunktion des Strafrechts für beide Seiten besser gerecht werden, als dies beispielsweise in einem an enge formale Grenzen gebundenen gerichtlichen Verfahren möglich wäre.

Dass dieses Verfahren auch in der Schule erfolgreich und sinnvoll eingesetzt werden kann, möchte ich an einem selbst praktizierten Beispiel demonstrieren:

In einer siebten Klasse wurde über lange Zeit ein Schüler als Klassenclown, ja als jemand, den jedermann permanent ärgern kann und darf, stigmatisiert. Neueste »Spaßvariante« war es, diesen Schüler durch Zusammenknoten der Pulloverärmel (Zwangsjacke) und der Schnürsenkel handlungsunfähig und wehrlos zu machen. In einer solchen Situation geschah es, dass ein Mitschüler während einer Pause in den Raum kam, den wehrlosen Mitschüler erblickte und ihm die Hose samt Unterhose herunterzog. Dieser stand nun halb nackt, körperlich wie seelisch entblößt vor der Klasse. Die meisten Anwesenden, auch sehr viele Mädchen, lachten. Bis tatsächlich jemand half, verging für das Opfer eine schier unendliche Zeit.

Neben unserer empörten und gefühlsbetonten Kritik, neben den formalen Strafen, die wir zur Unterstützung des Prozesses der Einsicht verhängten, neben zahlreichen und langen Gesprächen, forderten wir die TäterInnen auf, Briefe an das Opfer zu schreiben, in denen sie mitteilten, warum sie gelacht, nicht geholfen oder gar selbst aktiv waren, wie sie sich nun fühlten, was sie im nachhinein darüber dachten und wie ihrer Meinung nach das künftige Zusammenleben innerhalb der Klassengemeinschaft aussehen sollte. Diese Übung versetzte einige in

Panik, andere mussten offen zugeben, dass sie nicht in der Lage waren, ihre Gefühle ehrlich mitzuteilen und gegebenenfalls zu ändern. Eines erreichten wir: Durch die Auseinandersetzung mit dem Opfer wurde ein fruchtbarer Prozess zur Einsicht und zur Verhaltensänderung eingeleitet.

Dieser Prozess wurde auch dadurch nachhaltig gefördert, dass mit Einverständnis des Opfers dessen Brief vor der Klasse verlesen wurde, in welchem er seine Gefühle, seine Bloßstellung, seine Demütigung, seine Trauer über die Zustände in der Klasse ausdrückte. Anschließend war es minutenlang still im Klassenraum.

Das Land Berlin ging mit gutem Beispiel voran: Alle Bildungseinrichtungen erhielten den Ordner »Notfallpläne für die Berliner Schulen – Hinsehen und Handeln«.

Macht schon der Untertitel das Credo dieser Handreichung hinreichend deutlich, so bringt der Inhalt sehr hilfreiche praxis- und handlungsorientierte Hinweise, Ratschläge und Verhaltensanweisungen für die verschiedenen Krisensituationen in Bezug auf gewaltförmiges Handeln seitens von SchülerInnen oder schulfremder Personen. Analog zu den Farben einer Verkehrsampel werden drei Grade von gefährlichen Situationen unterschieden: »Rot/Gefährdungsgrad III«, zu welchem »Amoklauf, Totschlag/Mord (...), Schusswaffengebrauch, Geiselnahme (...)« und »Suizid oder Tod in der Schule« gezählt werden. Der Farbe »Gelb/Gefährdungsgrad II« werden Ereignisse wie »Amokdrohung, Morddrohung« (auch per Internet), »Körperverletzung, Erpressung/Raub, Waffenbesitz, Sexuelle Übergriffe...«, aber auch Mobbing« und »Schwere Sachbeschädigung/Vandalismus« zugeordnet. Unter »Grün/Gefährdungsgrad I« werden Situationen wie »Schlägerei, Beleidigung von Lehrern, Sachbeschädigung, Anpöbelei, Selbsttötungsgedanken« und der »Todesfall im schulischen Umfeld« subsumiert. (Die Autoren möchten die Farbe »Grün« mitnichten so verstanden wissen, als sei hier »alles im grünen Bereich«, vielmehr signalisiere »Grün«, dass nicht nur gestartet werden dürfe, sondern – in Form von Gegenwehr - gestartet werden müsse!

Zur schnelleren und leichteren Handhabung sind die Ratschläge und Verhaltensanregungen zu den einzelnen Vorfällen auf farbigem Papier gemäß ihrem Gefährdungsgrad gedruckt.

Zu jedem Ereignis gibt es die folgenden Hinweise: »Sofortreaktion«, dann »1.) Eingreifen/Beenden, 2.) Opferhilfe/ Maßnahmen einleiten, 3.) Informieren, 4.) Nachsorgen/Aufarbeiten, 5.) Ergänzende Hinweise.«

Für den Fall einer akuten Bedrohung (z.B. bei einem Amoklauf) wird den Verantwortlichen bei der notwendigen Information der Bedrohten im Schulgebäude als Hilfestellung die »AIDA-Formel« angeraten: »

- **A**ufmerksamkeit (erreichen)
- **I**nformation (geben)
- **D**ringlichkeit (verdeutlichen)
- **A**usweg« (aufzeigen).

Damit diese Handlungsrichtlinien konsequent und adäquat angewandt werden können, schlagen die Autoren die Bildung von »Schulteam(s) für Gewaltprävention und Krisenintervention« vor.

Abgerundet wird dieses gleichermaßen informative wie praktikable Werk mit Hinweisen »zum Umgang mit Medien und Öffentlichkeit«, mit einer Sammlung relevanter Rechtsvorschriften, weiteren wichtigen Hinweise für die LehrerInnen, Formulierungshilfen für Informationsbriefe nach einem Vorfall sowie mit einer Liste mit Notfallnummern.

(Alle Zitate aus: »Notfallpläne, Berlin 2005«. Die »Notfallpläne« sind nicht öffentlich erhältlich, um potentiellen Tätern keine Hinweise auf die mögliche Reaktion zu geben. Deshalb komme ich den Bitten der Autoren nach, die »Notfallpläne« nicht en detail darzulegen und zu besprechen.)

nalog zu den oben besprochenen »Notfallplänen« ist es immens wichtig, konsequent beim Auftauchen von Waffen zu handeln. Sobald ich eine Waffe sehe, kassiere ich sie ein, so mir dies ohne Gefährdung gelingt. Anschließend wird sie mit Namen und Klasse versehen und im Sekretariat gelagert. Die Eltern können nun innerhalb des Schuljahres ihr Eigentum wieder abholen.

Erfahrungsgemäß tun sie dies nicht, entweder weil ihr Kind vor lauter Pein zu Hause nichts erzählt hat, oder weil es den Eltern selbst zu peinlich ist. Die ständige Neuanschaffung von Waffen wird zu teuer, also nehme ich sie besser nicht mit zur Schule. Da kann ich erfahren, dass ich auch ohne Waffen leben kann. Es bleibt zu hoffen, dass diese Erfahrung in alle Lebensbereiche transferiert wird.

Lassen Sie, z. B. anhand von Rollenspielen, Ihre SchülerInnen erfahren, wie unsinnig der Besitz von Waffen ist. Hierbei kann eingeübt werden, dass ein »Sicht-Wehren« nicht unbedingt ein Zurückschlagen bedeutet, sondern dass Abhauen ein mutiger Akt der Selbstbeherrschung ist. Dieses indifferente »Wehr-dich«, von Eltern den Kindern gern mit auf den Weg gegeben, führt häufig dazu, dass jede als unangenehm empfundene Situation so wahrgenommen wird, dass zugeschlagen werden kann und darf. Also sind in diesem Bereich praktische Übungen angesagt, bei denen die Kinder und Jugendlichen selbst erfahren, wie sinnlos Waffen oder Prügel sind.

Die Ausweitung der Schulsozialarbeit wäre für die Schulen von großem Nutzen. SchulsozialarbeiterInnen haben keine unterrichtlichen Verpflichtungen, also mehr Zeit zur Verfügung; und da sie nicht ins Unterrichtsgeschehen verwickelt sind, schenken ihnen die SchülerInnen bei ihren privaten Problemen größeres Vertrauen, zumal sie keine negativen Auswirkungen auf ihre Noten befürchten müssen - eine völlig berechtigte Befürchtung, kennen wir doch alle den subjektiven Anteil an Schulzensuren.

Auf einen Punkt möchte ich aus eigner Erfahrung kritisch aufmerksam machen: Ich halte die Auffassung für irrig, die im Nachgang zur Diskussion über die Zustände in der Rütli-Schule häufig geäußert wurde, wonach der Einsatz von SozialarbeiterInnen, die die Muttersprache der SchülerInnen sprechen, von besonderem Nutzen sei. Ich habe leider selbst erleben müssen, wie türkische Kollegen sogar nach über 20 Jahren Tätigkeit in einer deutschen Schule nicht in der Lage waren, ausreichend Deutsch zu sprechen, geschweige denn zu schreiben. Aber, und dies ist die entscheidende Frage, wie sollen sie ihren Schutzbefohlenen helfen, wenn sie die Amts- und Unterrichts-Sprache nicht beherrschen? Dass sie mit den Eltern ihrer SchülerInnen sprechen können, ist positiv, aber reicht das alleine als Qualifikation aus? Ich selbst habe erlebt, wie meine eigenen Worte unvollständig und/oder falsch übersetzt wurden, was sich leider erst später herausstellte. Der betreffende Kollege sah sich eher als Anwalt der eigenen rückständigen muslimischen Community, als dass er sich den Zielen einer demokratischen Erziehung zu selbstbewussten und selbstkritischen jungen Menschen verpflichtet fühlte. Kurz: Ich halte es für wichtig, dass neben Sprachkenntnissen und Wissen über die kulturellen Hintergründe der SchülerInnen mit Migrationshintergrund, eine professionelle Qualifikation erkennbar vorhanden ist; diese erfordert in unserem Beruf unumstößlich eine pädagogische Distanz zu unseren Kindern und Jugendlichen! (Zum Unterschied in der Pädagogik zwischen »Verstehen« und Verständnis« s. u.) Wenn diese Voraussetzungen erfüllt sind, dann allerdings können, ja werden SozialarbeiterInnen mit Migrationshintergrund wertvolle, vielleicht sogar unverzichtbare KollegInnen sein.

Ein Wort noch zur geschlechtsspezifischen Arbeit mit Jungen und Mädchen. Neuere Untersuchungen zeigen deutlich, dass zurzeit die Mädchen die großen Gewinnerinnen in unserem Schul- und Ausbildungssystem sind: Sie sind belastbarer, verlassen weniger häufig die Schule ohne Abschluss, gelten als zielstrebiger und orientieren sich stärker am Erfolg in der beruflichen Ausbildung und Praxis. Trotzdem müssen Mädchen auch weiterhin gefördert werden; einen großen Nachholbedarf scheint es aber bei den Jungen zu geben.

Uli Boldt (Boldt 2001), ein seit Jahren in der Jungenarbeit erfahrener Lehrer, schlägt vor, so genannte »Jungenkonferenzen« zu etablieren. Diese Konferenzen sollen in der Klasse, der Lerngruppe oder Jahrgangsstufe in regelmäßigen Abständen durchgeführt werden und dabei dem aufgezeigten Vierschritt zu folgen:

- Phase 1: Einstiegsaktion (dient der Abgrenzung vom sonstigen Alltag)
- Phase 2: Gespräch (alle kommen dran, Themen können z. B. sein, ›Meine Stärken', ›Wie soll mein bester Freund sein' oder ›'Wie zeige ich einem Mädchen, dass ich es toll finde?' etc)
- Phase 3: Praktische Übung (hier geht es um eine Übung zu einem vorher besprochenen Thema)
- Phase 4: Reflexion und Ausblick

Die Arbeit in den Konferenzen unterliegen natürlich Regeln, wie den Prinzipien des

- *geschützten Raumes* (die Jungen bleiben unter sich);
- *der Verschwiegenheit* (alles Erzählte bleibt im Raum, verlässt den Teilnehmerkreis nicht);
- *der männlichen Leitung* (Jungenarbeit wird von Männern geleitet);
- *der Klarheit* (Jungenarbeiter begegnen den Jungen offen und fürsorglich, ohne eine unkritische Haltung einzunehmen);
- *der Subjektorientierung* (Es wird mit den Jungen diskutiert, nicht über sie.)
- *der Freiwilligkeit* (Jeder hat das Recht, sich einmal zurückzunehmen und Beobachter zu sein).

Eine solchermaßen strukturierte Arbeit erlaubt es den Jungen, über sich und über eigene und gängige Rollenverständnisse zu reflektieren. Dass ihnen innerhalb dieser Konferenzen ein männliches Pendant zur Orientierung und Reibung zur Verfügung steht, wird dazu beitragen, dass sie ihre Vielfältigkeit, ihre eigenen Fähigkeiten und ihre Möglichkeiten zu angemessenen Verhaltensweisen erkennen, anwenden und konstruktiv erweitern.

Zurück zu den beruflichen Akteuren: Für ihre Ausbildung zu Lehrern und Lehrerinnen muss einiges geändert werden. Wir werden immer noch auf ein Berufsbild getrimmt, das der Realität nicht standhält. Wir sind keine Wissensmanager, die mit einem perfektionierten Instrumentarium Fakten vermitteln - und sonst nichts. LehrerInnen sind Menschen, die andere Menschen während einer bestimmten biographischen Phase begleiten, deren Wissen sie anreichern, deren Erfahrungen sie lenken und dabei helfen, diese einzuordnen. Sie müsse diese anderen Menschen verstehen, um ihnen bisweilen unterstützend helfen zu können. Wege aufzuzeigen, wie das Leben zu meistern ist, das ist ihre Aufgabe. Ständiges Bemühen des Unterrichtenden sollte sein, sich selbst überflüssig zu machen! Sonst stimmt der Spruch: Lehrer sind Menschen, die uns helfen, mit Problemen fertig zu werden, die wir ohne sie nicht hätten.

Gerade das Referendariat erinnert heute oft eher an eine stumpfsinnige Beamtensozialisation und abstrakten Methodenvermittlung, als dass dort praktische Erfahrungen gesammelt werden könnten, die dem erzieherischen Anteil unserer Arbeit gerecht wird, der eher größer als kleiner werden wird. Deshalb sei allen, die diesen anstrengenden, nervigen, aber ebenso wunderbaren und dankbaren, lustigen und kreativen Beruf ergreifen wollen, dringend empfohlen, sich schon in der so genannten Freizeitpädagogik zu engagieren. Damit sie ein Gespür für Kinder und Jugendliche entwickeln und selbst lernen, was alles möglich und sinnvoll ist, in der Lehrerausbildung aber sträflich vernachlässigt wird. LehramtsstudentInnen sollten möglichst frühzeitig ihr erstes (Unterrichts-) Praktikum absolvieren, um ihre persönliche Eignung selbstkritisch zu überprüfen.

Auch muss die LehrerInnenaus- und -weiterbildung dringend um die Einübung von Methoden adäquater Gesprächsführung ergänzt werden. Wir führen immer wieder Gespräche, einzeln oder in Gruppen, mit Kindern, Jugendlichen oder Erwachsenen, aber niemand hat uns jemals angeleitet.

Den Kollegien wäre viel geholfen, hätten sie die Gelegenheit zur Supervision. Das holt sie einerseits aus ihrer jeweiligen Einzelkämpfernische, andererseits kann es helfen, die bisweilen eklatante Kluft zwischen Selbst- und Fremdwahrnehmung zu überbrükken. Letztlich wäre dies auch eine Hilfestellung, um dem »Burn-Out-Syndrom« entgegenzutreten.

Auf der gesellschaftspolitischen Ebene braucht die Schule Rückendeckung. Permanente Angriffe auf die Lehrerschaft sowie Verschlechterungen im Unterrichtsangebot, bei der Festlegung der Klassenfrequenzen, im Unterrichtsmaterial, im Verkürzen kreativer, nicht leistungsorientierter Fächer, aber auch die mannigfaltige Verschlechterung der Arbeitsbedingungen fördern weder die Atmosphäre noch bieten sie die Möglichkeiten, Defizite bei Jugendlichen auszugleichen.

Stattdessen sollte sich die Schule von einer reinen »Wissen svermittlungsanstalt« zu einem vielseitigen »Haus der Kinder/ Jugendlichen« entwickeln. Hier muss der Platz sein auch für außerschulische Aktivitäten, für Hausarbeitsbetreuung, Sportvereine, eine warme Mahlzeit, für Gespräche mit Gleichaltrigen, aber auch mit SozialarbeiterInnen, hier kann der Ort zur Vernetzung aller im Kiez tätigen Kräfte sein.

Eine persönliche Stellungnahme zu unserem dreigliedrigen Schulsystem sei mir an dieser Stelle gegönnt und eventuell verziehen. Wer so wie ich an einer Hauptschule im sozialen Brennpunkt sein Referendariat, später viele Jahre in der Schulleitung verbracht hat, der wird durch alltägliche Anschauung davon überzeugt, wie schädlich sich diese Selektion an unseren Schulen für unsere Heranwachsenden auswirkt! Auch jetzt, da ich an einer vergleichsweise ruhigeren, ländlichen Hauptschule tätig bin, wird dieser Eindruck nicht abgeschwächt. Ich will hier nicht die bekannten Ergebnisse der PISA-Studie und anderer Untersuchungen wiederholen und reflektieren – sie alle kommen zu dem eindeutigen Schluss, dass unser derzeitiges Schulsystem eben nicht in der Lage ist, das Potenzial voll auszuschöpfen, das in unseren Kindern und Jugendlichen auf Herausforderung wartet. Wann endlich werfen wir dieses für so viele junge Menschen hinderliche Schulsystem dorthin, wo es hingehört: auf den Müllhaufen der Geschichte! Hoffnungsvolle Ansätze stimmen mich froh: Schleswig-Holstein führt die Gemeindeschule, Berlin die Einheitsschule ein und selbst das von einer in Schulfragen erzkonservativen geführten Regierung Bundesland Hessen will die Hauptschule abschaffen, leider aber ein zweigliedriges Schulsystem etablieren. Vielleicht ist es ein taktisch kluger Weg, das Gymnasium zunächst nicht anzutasten, scheint es doch der Deutschen liebstes (Schul-) Kind zu sein. Über lang oder kurz wird sich aber auch diese Schulform kritischen Fragen zu stellen haben. Fördern wir also das gemeinsame Lernen, stoppen wir das Aussortieren! Denn diese Selektion in Gewinner und Verlierer fördert ebenfalls – wie ich oben aufgezeigt habe - die Gewalt unter unseren Jugendlichen.

Hilfen im Freizeitbereich

Es ist dringend erforderlich, dass die politisch Verantwortlichen ein vielfältiges, weit gefächertes und territorial gleichmäßig verbreitetes Angebot zur sinnvollen und verantwortungsvollen Freizeitgestaltung sicherstellen. Denn gerade in der Freizeit können die Gegengewichte gesetzt werden, die die Jugendlichen brauchen, damit sie weniger auf die Ersatzwelten TV, Video und Computer angewiesen sind, oder um die dort gemachten virtuellen Erfahrungen anhand der Realität zu überprüfen und zu revidieren.

Dieses Angebot sollte selbstverständlich von freien Trägern sowie von Eigeninitiativen der Jugendlichen selbst ergänzt und erweitert werden. Dazu braucht es aber gerade in städtischen Bereichen Platz für Oasen zu entdeckender Freiheit.

Zu diesen Oasen gehört die Wiederentdeckung und Realisierung einer »Erlebnispädagogik« durch Abenteuerspielplätze oder andere, ähnliche Angebote, z. B. die derzeit sehr beliebten Kletterparks, die den Kindern und Jugendlichen spannende Entdeckungen und Erlebnisse ermöglichen und die Wahrnehmung des eigenen Körpers und seiner Fähigkeiten fördern.

Sinnvoll ist es auch zu fragen, was Jugendliche eigentlich wollen und womit sie sich beschäftigen? Sich langweilende oder gar sich schlagende Jugendliche müssen in eine andere soziale Umwelt *versetzt* werden, damit sie die eigenen positiven Kräfte wahrnehmen und einsetzen können.

Jörg Massing aus Essen realisierte dies zum Beispiel so, dass er in einem Jugendzentrum männliche Jugendliche beobachtete, die dort fast tagtäglich apathisch gelangweilt »rumhingen«, neudeutsch: chillen. Das Kennen lernen verlief zögerlich, doch dann berichteten ihm die jungen Männer, dass sie »Break Dance« interessant fänden, sich aber nicht daran wagten, weil sie Angst hatten, dass sie im Vergleich zu ihren Idolen lächerlich wirken könnten. Das war der richtige Ansatzpunkt.

Es wurde eine veraltete Videoanlage besorgt, die eigenen Bewegungen aufgezeichnet, angeschaut und analysiert. Nach kurzer Zeit bemerkten die Jugendlichen, dass sie mit relativ geringem Einsatz große Fortschritte erzielen konnten. Inzwischen wurde die Gruppe so bekannt, dass sie öffentlich auftrat und Einnahmen hatte, die sie eigenverantwortlich verwaltete.

Solche Jugendlichen prügeln sich nicht so schnell, denn erstens haben sie kaum noch Zeit dafür, zweitens ist ihr Körper ihr »Kapital«, und drittens und dies ist letztlich entscheidend: Ihr Selbstwertgefühl wurde über die Jahre deutlich gesteigert, sie müssen sich nicht mehr abgrenzen.

Ein weiteres Beispiel:

Ein Sozialarbeiter in einem (Fußball-) Fanprojekt wird von den von ihm betreuten Hooligans gebeten, doch mit zu einem Auswärtsspiel ihrer Mannschaft ins Ausland zu reisen, damit sie die befürchteten Problemen beim Grenzübertritt leichter überwinden könnten.

Der Sozialarbeiter aber wollte nicht am immer wiederkehrenden Ritual teilnehmen: Am Tage des Spiels fährt *mann* per Bahn oder Bus zum Austragungsort, bevor mann das Stadion betritt ist mann bereits reichlich alkoholisiert. Dieser Zustand wird kontinuierlich gesteigert und nach Ende des Spiels begibt mann sich in die »Dritte Halbzeit«, dem gegenseitigen Verprügeln der verschiedenen Hools-Fan-Clubs. Spät in der Nacht geht es dann, in welcher Verfassung auch immer, zurück nach Hause.

Nach einiger Bedenkzeit erklärte sich unserer Sozialarbeiter einverstanden und stellte seine Bedingungen: Zunächst fahren wir zwei Tage früher los, wohnen in einer Jugendherberge mit Selbstverpflegung, Alkohol ist während der Bahnfahrt und unmittelbar vor dem Spiel verboten und die Jungen nehmen, so möglich, ihre Freundinnen mit.

Auf diese Weise kam eine Fahrt zustande, die diese Fans so schnell nicht vergessen werden: Sie mussten zunächst erst einmal ihre Selbstverpflegung organisieren, mussten sich in der Jugendherberge zumindest so rücksichtsvoll verhalten, dass sie nicht rausflogen. Aber auch gegenüber ihren Freundinnen war ein gänzlich anderes Auftreten nötig, damit diese nicht den vorzeitigen Heimweg antraten, schließlich wollte mann ihnen etwas bieten und Prügeln lief da schon gar nicht, da die Freundinnen dies ablehnten. Außerdem ist Prügeln dem eigenen männlichen Selbstverständnis nach nichts für Frauen, weil das ja gefährlich ist. Das unmittelbare Hineinversetzen in eine neue soziale Realität ließ diese Fans so viele positive neue Erfahrungen machen, dass ein Erkenntnisprozess einsetzte.

Einige ausführlichere Gedanken zur Arbeit mit rechten Jugendlichen:

Erstens wäre es widersinnig, lediglich verhaltensauffälligen Kindern und Jugendlichen Angebote zu machen. Denn diese könnten das als Belohnung ansehen, weil die unproblematischen Jugendlichen keinerlei Aufmerksamkeit bekommen. Konsequenterweise muss es differenzierte Angebote für alle geben.

Zweitens sind »sozialtherapeutische Streicheleinheiten« für gefestigte Ideologieträger eindeutig abzulehnen. Diesen Leuten sollten wir, ohne sie persönlich zu beleidigen, energisch entgegentreten und jede Zusammenarbeit verweigern. Hier darf die Anwendung des Strafrechts, so dies notwendig ist, nicht ausgeklammert werden. Damit erkläre ich mich nicht mit einer Verschärfung der Strafhöhen einverstanden; die vorhandenen Mittel sollten aber voll ausgeschöpft werden.

Drittens bedeutet dies im Umkehrschluss, dass orientierungslosen »Mitläufern« Angebote unterbreitet werden, wobei ihre rechte Einstellung zunächst als notwendiges Übel – jedoch nicht inhaltlich - akzeptiert wird, die Persönlichkeit aber respektiert wird. Diese Jugendlichen werden dort abgeholt, wo sie sich innerlich zurzeit befinden, um ihnen andere Möglichkeiten aufzuzeigen und anzubieten.

Dies meint eine »akzeptierende Sozialarbeit« im Sinne Krafelds (Krafeld 1992), nicht aber eine Pädagogisierung des Problems.

Laut Krafeld bedeutet akzeptierende Arbeit, das einzelne Subjekt mit seinen authentischen Bedürfnissen in den Mittelpunkt der Arbeit zu stellen, dabei die jugendlichen Selbstinszenierungen als subjektive Lebenssteigerungsversuche zu sehen und auf dieser Basis eine Atmosphäre der Kooperation anzustreben (S. 30).

Um dies zu erreichen, sind mehrere Punkte für die SozialarbeiterInnen zu berücksichtigen:

1. Einfach da sein, ohne damit schon die Erwartung zu verbinden, einbezogen oder in spezifischer Weise gefordert zu werden.
2. Damit umgehen können, dass die Jugendlichen gerade am Anfang vor allem unter sich etwas machen, ohne uns aktive Handlungsmöglichkeiten zu geben.
3. Bereit sein, andere anzuhören, ihnen zuzuhören - so haarsträubend und erschreckend manche Aussagen auch sein mögen.
4. Auffassungen und Meinungen äußern, ohne damit den Anspruch zu verbinden, dass sie irgendjemanden überzeugen müssten.

5. Die Arbeit primär als Beziehungsarbeit begreifen, die situativen Einzelgesprächen das größte Gewicht zumisst.
6. Sich darum bemühen, dass eigene Wahrnehmungs- und Reaktionsebenen nicht auseinanderklaffen. Erst ein Erleben der ganzen Persönlichkeit, nicht nur ihrer pädagogischen Verhaltensansprüche, kann Vertrauen schaffen.
7. Die Jugendlichen immer wieder damit vertraut machen, dass wir andere Umgehensweisen und Konfliktregulierungsmuster verwenden als sie - und dass wir diese auch für geeigneter halten.
8. Die Jugendlichen nicht nur zu Aktivitäten ›hinleiten‹ oder mit Anregungen ›animieren‹ wollen, sondern auf ihre Ideen und Vorstellungen reagieren.
9. Bei Aktivitäten davon ausgehen, dass die Jugendlichen darin ihre eigene Dramaturgie entfalten, statt eine pädagogisch inszenierte vorgeben zu wollen.
10. Die emotionalen Erlebnis- und Aktionswünsche der Jugendlichen ernst nehmen, in denen Regelverletzungen oft unverzichtbar Bestandteile darstellen.
11. Das eigene Funktions- und Aufgabenverständnis durchsichtig machen.
12. Androhung oder Umsetzung von Sanktionen an persönlichen statt an abstrakten pädagogischen oder institutionszentrierten Maßstäben festmachen.
13. Die Jugendlichen deutlich damit konfrontieren, wo wir existenzielle, ja lebensbedrohliche Probleme auf sie zukommen sehen.
14. Die Grenze der Bereitschaft zum Anhören und Zusehen da setzen, wo wir etwas vom inneren Empfinden her nicht mehr aushalten.

(nach Krafeld 1992, S. 27 - 41)

Wenn so mit problematischen Jugendlichen gearbeitet wird, wenn also der Spagat gemacht wird - deine Taten missbilligen wir entschieden, du als Person bist uns willkommen -, wenn zur Einsicht und möglichen Veränderung den Betroffenen Anregung, Beispiel und vor allen

Dingen Zeit gewährt wird, dann kann bei allem Risiko, welches in manchen Einzelfällen auftreten mag, hier wertvolle Arbeit geleistet werden. Dann zeigt dieser Ansatz auch Möglichkeiten auf, wie wir mit Gewalttätern in der Schule umgehen können.

Rechtsextreme SozialarbeiterInnen für rechtsextreme Jugendliche heißt, den Teufel mit dem Beelzebub austreiben und ist vollkommen irrsinnig! Ebenso widersinnig ist es, mit rechtsextremen Jugendlichen Reisen nach Israel zu unternehmen. Einerseits wird damit signalisiert, dass die Jugendlichen »nur ein anständiges Pogrom« machen müssen, um mit einer Reise für 3.000 € belohnt zu werden, andererseits leben in Israel noch genügend Opfer des Holocaust. Diese Menschen müssen wir nun wirklich nicht mit unseren Problemkindern belasten (ausführlicher in: Kuhlmann 2004).

Innerhalb von Freizeithäusern oder -klubs für Jugendliche sollten auch so genannte *Selbstbehauptungstrainings* für Mädchen auf der einen Seite und Jungen auf der anderen angeboten werden. Natürlich können diese auch im schulischen Rahmen veranstaltet werden.

Die Trennung der Geschlechter gebieten die Inhalte, die jeweils vermittelt werden sollen:

So sollen Mädchen nicht reine Selbstverteidigungskurse absolvieren, sondern auch Trainingselemente, die es ihnen ermöglichen, mehr Vertrauen in ihren angeblich schwachen Körper zu setzen. Auch die Steigerung von Selbstvertrauen, um in Bedrohungssituationen angemessen reagieren zu können, ist Ziel dieser Kurse. Selbstverständlich haben einige einzelne Verteidigungstechniken, die der effektiven Abwehr von Angreifern, aber nicht deren Vernichtung dienen, ihren Platz während solcher Veranstaltungen. Das Bewusstmachen von Körpersprache ist ein weiteres zentrales Element guten Selbstbehaup tungstrainings, denn aus der Kriminalitätsforschung ist bekannt, dass die Körpersprache signalisiert, ob ich mich schwach oder stark fühle. Laufe ich mit eingezogenem Kopf und eingefallenen Schultern immer an der Wand entlang, bin ich prädestiniertes Opfer.

Gehe ich aber aufrecht, Schultern »ausgestreckt«, leichten Ganges durch die Weltgeschichte, signalisiere ich wie in der Werbung: Wir machen den Weg frei!

Die Jungen sollen bei ihrem Training vor allen Dingen lernen, ihre zarten und feinfühligen Seiten, die sie haben, angstfrei nach außen hin zuzulassen. Dies geschieht durch vielerlei Übungen zur Körpererfahrung, z. B. mittels gegenseitiger Massage. Geübt werden soll auch der Abschied vom patriarchalischen Männer(selbst)bild (siehe auch ›Hilfen in der Schule, Jungenkonferenzen).

Die Geschlechtertrennung ist kein Weg zurück in dumpfe Vorzeiten, sie entspricht den Anforderungen, die aus jüngeren Forschungsergebnissen abgeleitet sind und die verlangen, Mädchen wie Jungen gerecht zu werden. Deshalb kann es auch sinnvoll sein, Mädchen und Jungen im naturwissenschaftlich-technischen Unterricht zu trennen, damit die Mädchen z. B. überhaupt erst einmal eine Chance erhalten, am Computer irgendetwas zu machen. Trotzdem soll generell die Koedukation erhalten bleiben, wollen wir nicht in längst vergessen geglaubte verklemmte Zeiten zurückkehren. Koedukation darf aber auch Ausnahmen bieten, damit nicht, wie bisher zu oft geschehen, lediglich eine Geschlechtergruppe der Hauptnutznießer ist.

Als letztes, aber höchst effizientes und erfolgreiches Beispiel für den Umgang mit und die Umkehr von Gewalttätern sei hier das von Jens Weidner in der JVA Hameln praktizierte »Anti-Aggressivitäts-Training« skizziert. Das dort zu Beginn der 90er Jahre begonnene Projekt ist inzwischen weit verbreitet und wird vielerorts als ambulantes, also außerhalb des Gefängnisses oder ähnlicher Einrichtungen zur Vermeidung von Haftstrafen erfolgreich eingesetzt.

In der JVA Hameln verbüßen jugendliche Intensiv- und Mehrfach-Gewalttäter ihre Strafen; seit 1987 wird ihnen das Angebot gemacht, an einem »Anti-Aggressivitäts-Training« teilzunehmen, das in Form des Antagonisten-Trainings gestaltet ist. Antagonisten-Training meint, dass der Täter ein Gegenüber hat, das ihn mit seinen Taten, ihren Folgen und den Opfern konfrontiert.

Mitmachen kann jeder, der bereit und willens ist, sich zu ändern und auf Schlägereien im Vollzug verzichtet.

Nach einer einmonatigen »Integrationsphase« beginnt im zweiten Monat die so genannte »Konfrontationsphase«, das Herzstück des Trainings. Innerhalb dieser Phase muss der Täter sich mit seinem Opfer auseinandersetzen, er muss ihm einen Brief schreiben, der nicht abgesendet wird, um das Opfer nicht zu beunruhigen. Es werden Opferfilme gezeigt, der »beherrschte« Schläger wird mit seiner eigenen Anfälligkeit und seiner Gewaltrechtfertigung konfrontiert.

Mittelpunkt sind die Sitzungen auf dem »heißen Stuhl«. Bei diesen gut vorbereiteten Sitzungen trifft der sich auf dem Stuhl befindliche Täter auf Trainer und Tutoren, die Antagonisten. Das sind PädagogInnen, Mithäftlinge, ehemalige Trainingsteilnehmer und andere. Diese halten dem Täter seine Taten, seine Motivation sowie die Situationen vor, bei denen der Täter zuschlug. Der Täter soll hierbei auch lernen, mit Provokationen umgehen zu können, ohne Gewalt anzuwenden.

Die Sitzungen können bis zu fünf Stunden dauern und stellen für die Täter den anstrengendsten Teil des Trainings dar.

Diesem Trainingsabschnitt folgen die »Gewaltverringerungsphase « sowie die »Nachbetreuung« nach der Haftentlassung.

Begleitet werden alle Phasen von einem ergänzenden Freizeitprogramm sowie von Vollzugslockerungen, mit denen das erfolgreiche Absolvieren einzelner Abschnitte belohnt wird. Wird das gesamte Training erfolgreich abgeschlossen, so ist die Entlassung nach Verbüßung von zwei Dritteln der Strafe garantiert. Lohn für harte Arbeit an sich selbst.

Psychologische Tests einerseits, die minimale Rückfallquote andererseits zeugen vom Erfolg und vom Sinn dieser Methode, auch wenn in der Fachliteratur Kritik an den Sitzungen auf dem »heißen Stuhl« geübt wird. Es seien künstlich produzierte Situationen, mit denen die Täter auch künstlich, also unehrlich, umgehen könnten.

Elemente eines solchen Vorgehens, wie die Konfrontation mit den eigenen Taten, den zugrunde liegenden Motivationen und den verdrehten Gewaltrechtfertigungen, können wir auch in der Schule oder in der Familie anwenden, wobei das Alter und die damit verbundene Belastbarkeit berücksichtigt werden muss.

Exkurs: Zum Umgang mit direkter Gewalt

Warum dieser Exkurs, warum an dieser Stelle?

Zum einen sind Kinder und Jugendliche bzw. junge Erwachsene in ihrer Freizeit oft Opfer von direkter, von fremden Menschen ausgehender Gewalt; zum anderen sollen einige Tipps gegeben werden, um in Bedrohungssituationen angemessen agieren zu können.

Zuvor aber noch einige Bemerkungen: Jugendliche sprechen kaum mit Erwachsenen über ihre Gewalterfahrungen. Dies hängt zum einen damit zusammen, dass, statistisch gesehen, Jugendliche unter 20 Jahren doppelt so häufig Opfer von Gewalt werden wie Menschen über 20 Jahren. Hier besteht also ein gravierender Erfahrungsunterschied. Zum anderen befürchten Jugendliche, dass ihnen die Freiräume, die sie mit zunehmendem Alter erhalten oder erkämpft haben, von den Eltern wieder eingeschränkt werden, wenn diese Angst um sie haben.

Auch haben Jugendliche enorme Angst vor Racheakten, wenn sie bei der Polizei Strafanzeige erstatten. Gerade in diesem Fall sollten verständnisvolle Erwachsene, LehrerInnen oder Eltern den Jugendlichen ermutigen und unterstützen, den Gang zur Polizei zu wagen. Denn erstens kommt es in der Regel **nicht** zu Racheakten - in meiner bisherigen langjährigen Tätigkeit als Gewaltbeauftragter ist mir ein einziger Racheakt bekannt geworden -, zweitens unterstützen wir bei Nichtanzeige das fatale Bewusstsein der Täter, dass ihnen schon nichts passieren werde. Das aber ermutigt die Täter, weiter zu machen. Oftmals haben die Kriminalpolizeilichen Dienststellen Fachkommissariate für Jugendgewalt eingerichtet. Wenn Sie sich gleich dorthin wenden, werden Sie auf verständnisvolle PolizistInnen treffen.

Sollten Ihnen bekannte Jugendliche oder Kinder immer wieder auf demselben Weg, z. B. zur Schule oder zum Sport, »angepöbelt«, angegriffen oder überfallen werden, so hilft es oft schon zu organisieren,dass die Betroffenen niemals alleine unterwegs sind. Schon eine Kleingruppe schützt. Sollte dies nicht ausreichen, dann ist es sinnvoll, einen anderen Weg zu suchen.

Schwierig gestaltet sich für Jugendliche der oftmals einfachste, aber effektivste Weg: bei erkennbarer Bedrohung die Straßenseite zu wechseln oder schnell wegzulaufen! Dies gilt gerade bei Jungen und jungen Männern als feige. Doch in solchen Situationen Mut zu zeigen, kann schlimme Folgen haben. Die meisten Opfer von Jugendgruppengewalt sind männliche Jugendliche! Den jungen Menschen das Selbstbewusstsein zu stärken, dass sie sich selbst schützen können, heißt für uns Erwachsene, eigene Ängste zu besiegen, um den Jüngeren langsam und beharrlich Sicherheit zu vermitteln. Es hilft auch, ihnen zu verdeutlichen, dass der von Tätern als Schimpfwort benutzte Begriff »Opfer« lediglich der Selbst-Entschuldigung der Täter dient.

Zu den eigenen Ängsten gehören auch jene selbstquälerischen Fragen, *warum hat es mich getroffen; was habe ich dazu beigetragen; usw. usf.* Das Opfer, gleich ob Kind, Jugendlicher oder Erwachsener, macht sich selbst Vorwürfe, wodurch das Leiden noch verstärkt wird.

Dabei ist eines festzuhalten: Opfer von Gewalt kann jeder werden, die meisten werden zufällig Opfer!

Es schwierig, allgemeingültige Ratschläge zu erteilen, was zu tun ist, wenn jemand von direkter Gewalt bedroht wird. Die nachstehend aufgeführte »Checkliste« wurde einst von der »Graswurzelwerkstatt« Köln (Scharnhorststraße 6, 50733 Köln) entwickelt; sie stellt meiner Erfahrung nach realistische Tipps zusammen, die je nach persönlichen Charakter unterschiedlich gewichtet und angewendet werden können.

»1. Vorbereiten!

Bereite Dich auf mögliche Bedrohungssituationen seelische vor: Spiele Situationen für Dich allein und im Gespräch mit anderen durch. Werde Dir grundsätzlich darüber klar, zu welchem persönlichen Risiko Du bereit bist. Es ist besser die Polizei zu alarmieren, als sich nicht für oder gegen das Eingreifen entscheiden zu können und gar nichts zu tun.

2. Ruhig bleiben!

Panik und Hektik vermeiden und möglichst keine hastigen Bewegungen machen, die reflexartige Reaktionen herausfordern könnten. Wenn ich ›in mir ruhe‹, bin ich kreativer in meinen Handlungen und wirke meist auch auf andere Beteiligte entspannend.

3. Aktiv werden!
Wichtig ist, sich von der Angst nicht lähmen zu lassen. Eine Kleinigkeit zu tun ist besser, als über große Heldentaten nachzudenken. Wenn Du Zeuge oder Zeugin von Gewalt bist: Zeige, dass Du bereit bist, gemäß Deinen Möglichkeiten einzugreifen. Ein einziger Schritt, ein kurzes Absprechen, jede Aktion verändert die Situation und kann andere dazu anregen, ihrerseits einzugreifen.

4. Gehe aus der Dir zugewiesenen Opferrolle!
Wenn Du angegriffen wirst: Flehe nicht und verhalte Dich nicht unterwürfig. Sei Dir über Deine Prioritäten im Klaren und zeige deutlich, was Du willst. Ergreife die Initiative, um die Situation in Deinem Sinne zu prägen. ›Schreibe Dein eigenes Drehbuch‹.

5. Halte den Kontakt zu Deinem Gegner/Angreifer!
Stelle Blickkontakt her und versuche, Kommunikation herzustellen bzw. aufrechtzuerhalten.

6. Reden und Zuhören!
Teile das Offensichtliche mit, sprich ruhig, laut und deutlich. Höre zu, was Dein Gegner bzw. Angreifer sagt. Aus seinen Antworten kannst Du Deine nächsten Schritte ableiten.

7. Nicht drohen oder beleidigen!
Mache keine geringschätzigen Äußerungen über den Angreifer. Versuche nicht, ihn einzuschüchtern, um zu drohen oder Angst zu machen. Kritisiere sein Verhalten, aber werte ihn nicht persönlich ab.

8. Hole Dir Hilfe!
Sprich nicht eine anonyme Masse an, sondern einzelne Personen. Dies gilt sowohl für Opfer als auch für Zuschauerinnen und Zuschauer, die eingreifen wollen. Viele sind bereit zu helfen, wenn

jemand anders den ersten Schritt macht oder sie persönlich angesprochen werden.

9. Tue das Unerwartete!
Falle aus der Rolle, sei kreativ und nutze den Überraschungseffekt zu Deinem Vorteil aus.

10. Vermeide möglichst den Körperkontakt!
Wenn Du jemandem zu Hilfe kommst, vermeide es möglichst, den Angreifer anzufassen, es sei denn, Ihr seid zahlenmäßig in der Überzahl, so dass Ihr jemanden beruhigend festhalten könnt. Körperkontakt ist in der Regel eine Grenzüberschreitung, die zu weiteren Aggressionen führt. Wenn möglich, nimm lieber direkten Kontakt mit dem Opfer auf.«

Deutlich sei darauf hingewiesen, dass jeder Mensch, der Zeuge einer Bedrohungssituation wird, helfen kann, ohne sich selbst zu gefährden. Sei es, dass er die Polizei ruft, sei es, dass er den oder die Täter aufmerksam beobachtet, um im Anschluss eine hilfreichen Zeugenaussage machen zu können. Wer nicht direkt eingreifen mag, braucht sich keine Vorwürfe zu machen. Vorwürfe der schwersten Art sollten sich aber diejenigen machen, die achtlos weggehen oder wegsehen und nicht einmal bereit sind, als Zeugen zu fungieren. Diese Hilfeleistung sind wir jedem Opfer schuldig, nicht mehr, aber auf keinen Fall weniger!

Zwei Situationen, in denen Hilfe holen bzw. unerwartetes Tun, das Geschehen veränderte, sollen hier als Beispiele geschildert werden:

Da wird eine Frau auf einem U-Bahnhof von einem Mann bedrängt, der sie unbedingt und gegen ihren erklärten Willen »kennen lernen« möchte. Alles Abwiegeln der Frau nutzt nichts, erst das entschiedene Handeln befreit sie von dem Bedränger. Was hat sie getan? Sie hat einfach einen anderen Mann angesprochen, ob sie sich mal neben ihn stellen darf, sie benötige Schutz. Dieser wurde ihr stumm, aber effektiv gewährt.

Der nächste Vorfall spielte sich ebenfalls in der U-Bahn ab: Eine alte Frau fährt abends gegen 21.30 Uhr nach Hause. An einer Station stiegen drei männliche Jugendliche ein, die allein schon durch ihre Lautstärke signalisierten, dass sie auf Konfrontationskurs waren.

Es dauerte nicht lange, da saßen alle drei unmittelbar bei der älteren Dame und »machten« sie an, bis einer der Drei sie fragte: »Na, hast‹e Angst, Oma?!« Diese antwortete kurz und trocken: »Nein, Jungs, ihr seid ja hier. Was soll mir da passieren?« Überrascht, fassungslos und freundlich grüßend verließen die »Rabauken« eine Station weiter den Waggon, es fehlte eigentlich nur noch, dass sie der alten Dame Hilfe angeboten hätten.

Beide Ereignisse zeigen deutlich, dass es möglich ist, mit dem eigenen, kontrollierten Verhalten Situationen zu entschärfen, sich nichtangreifbar zu präsentieren.

Dennoch sei eine deutliche Warnung ausgesprochen:

Es gibt Situationen, bei denen das Opfer keine andere Chance hat - sei es, dass die Angreifer in Überzahl, sei es dass sie bewaffnet sind und Hilfe nicht in Sicht ist -, als den Angreifern alles auszuhändigen, was sie verlangen. In einem solchen Fall muss dem Jugendlichen der Rücken gestärkt werden, dass er nicht den Helden spielt – auch wenn dies demütigend und erniedrigend wirkt. Aber es ist besser bestohlen und beraubt aus der Situation herauszukommen, als verletzt oder gar getötet zu werden.

Hilfen bei den Medien

Wiederholt wurde auf eine notwendige Medienerziehung hingewiesen; dazu einige Stichworte zur Erinnerung:

Lassen Sie die Medienwelt nicht zur Ersatzrealität der Kinder und Jugendlichen werden. Üben sie von klein auf an, sinnvoll mit den verschiedenen Medien umzugehen. Schrecken sie nicht vor Auseinandersetzungen um mögliche Beschränkungen des Medienkonsums zurück: Wirklich guten Argumenten und einem attraktiven Gegenangebot verschließen sich die wenigsten.

Sinnvoller Umgang heißt aber auch, die Medienrezeption der Kinder und Jugendlichen erst einmal begreifen und ernst nehmen, denn was ändert sich an der realen Situation, wenn wir den Umgang lediglich verurteilen oder, schlimmer noch, behaupten, ihn zu respektieren, aber insgeheim ihn doch verdammen?

Stattdessen muss dort angesetzt werden, wo die Kinder und Jugendlichen sich befinden. Das bedeutet, dass in der Familie wieder über gemeinsam gesehene Sendungen gesprochen wird, dass die Barriere der Sprachlosigkeit überwunden wird.

Dazu gehört ein kreativer, handlungsorientierter Umgang z. B. mit dem Medium Video. Es müssen nicht immer nur langweilige, stümperhafte Urlaubs- oder Hochzeitfilme abgedreht werden, warum nicht einmal mit den FreundInnen der eigenen Kinder selbst einen Krimi oder Actionfilm herstellen? Ein Lernprozess mit vielen Facetten: Die DarstellerInnen lernen, dass Gewalt im Film simuliert wird; sie bekommen technisches und filmtechnisches Wissen; sie erhalten die Möglichkeit, sich vom passiven Zuschauer zum aktiven Produzenten zu entwickeln.

In Schule und Freizeit können Gruppen zusammengebracht werden, die sonst wenig miteinander zu tun haben. Es werden reale soziale Umwelterfahrungen gemacht, die ihnen sonst verschlossen blieben. Und außerdem fördert ein gelungenes Produkt Selbstvertrauen und Selbstwert.

Die Schule kann sich mit den ästhetischen wie technischen und inhaltlichen Elementen einer veränderten Fernseh- und Videokultur analytisch und handlungsorientiert beschäftigen. Dies kann zielorientiert in vielen Fächern geschehen: Deutsch, Musik, Kunst, Sozialkunde etc. Es kann dazu führen, dass, wie es eine große Berliner Gesamtschule praktiziert, eine wöchentliche Video-Umschau schulischen Lebens produziert und regelmäßig veröffentlicht wird. Video kann als Medium auch in der Schule so vielseitig eingesetzt werden, dass eine Aufzählung aller Möglichkeiten den Rahmen dieses Buches sprengen würde. Dieses Medium sei allen, die handlungsorientiert mit SchülerInnen arbeiten wollen, ans Herz gelegt!

Schule darf auf keinen Fall die medialen Erfahrungen ihrer Kinder und Jugendlichen negieren und/oder ignorieren.

Gute Erfahrungen konnten mit Gesprächsrunden z. B. zum Wochenbeginn über den Fernseh- und Videokonsum erzielt werden.

Noch einige Hinweise für den Konsum:

Entscheiden und begründen Sie, warum einzelne Sendungen für bestimmte Altersstufen nicht geeignet sind.

Lassen Sie Kinder und Jugendliche nicht allein mit ihrem Medienkonsum. Und wahrscheinlich das Schwierigste: Seien Sie ein positiver »Roter-Faden«. Für Kinder und Jugendliche völlig ungeeignete Filme (Horror, Porno und Psychothriller) müssen nicht mit ihnen gesehen werden, und auch der Zugang zu Aufzeichnungen dieser Art kann verhindert werden.

Oft wird es gefragt, doch die Antwort ist unendlich schwierig: Wie viele Minuten dürfen Kinder und Jugendliche denn vor dem Fernsehapparat verbringen und ab wann wird es für sie schädlich?

Zunächst muss jeder Erziehende sich selbst über seine Position zum TV- und Videokonsum im Klaren sein. Lehnt jemand das Fernsehen grundsätzlich ab, so ist es wenig sinnvoll, für dessen Kinder im Alter von drei Jahren zehn Minuten täglich zu empfehlen. Andererseits ist die Forderung nach völliger Abstinenz der Kinder und Jugendlichen nicht realisierbar, bei Fernsehverbot finden sie ihre Freunde oder Bekannten, zu denen sie dann ausweichen können.

Sinnvoller erscheint es mir, erstens nach Art der Sendung zu urteilen, warum sollte für ein dreijähriges Kind das Anschauen der gesamten »Sesamstraße« schädlich sein, um dann zweitens festzulegen, wie viele Sendungen pro Tag gesehen werden dürfen. Bei genügend Abwechslung steigt die von Kindern gewünschte Zahl nicht ins Unermessliche.

Hilfreich ist vielleicht eine Methode, über die mir eine Familie berichtete: Zunächst unterstreicht jedes Familienmitglied mit einer anderen Farbe jene Sendungen in der Fernsehzeitschrift, die es gerne sehen möchte. Danach setzen sich alle zusammen - dies geschieht häufig genug spontan - und diskutieren darüber, welche Sendungen gemeinsam angeschaut werden, welche ausgesondert werden und wer wie viele seiner Wünsche reduzieren muss. Bei dieser Familie ist es zumeist der Vater, der die meisten Streichungen vornehmen muss, was wiederum zu viel Heiterkeit, aber auch Gesprächsstoff sorgt. Mit dieser Methode werden mehrere Fliegen mit einer Klappe geschlagen, denn die Familie übt sich im Diskurs, im Kompromiss finden. Darüber hinaus kommt es zu einer inhaltlichen Auseinandersetzung, die sonst häufig fehlt. Durch diese Auseinandersetzungen wird auch Toleranz erlernt, denn wenn nur ein Fernseher vorhanden ist, muss manchmal länger diskutiert werden, bis ein Kompromiss, der auch von Jüngeren tragbar ist, gefunden wird.

Eine kritische, ehrliche Einstellung zu den elektronischen Medien kann nicht schaden, aber hysterische Verbotsdiskussionen gehen oft an der Realität vorbei, sind verlogen und helfen wenig.

Der passive Konsum nur zum Zwecke der Entspannung wird von uns Erwachsenen bejaht und genossen; soll dies unseren Kindern und Jugendlichen verwehrt sein? Außerdem verdrängt eine Verbots-Diskussion die Tatsache, dass wir alle auch durch Sendungen lernen können, dass Fernsehen also auch ein interaktives Medium sein kann. Wer bloß lapidar feststellt, Fernsehen und Video seien am Werteverlust und dessen Folgen Schuld, der macht es sich zu einfach. Wenn ich dem Fernsehen alle Verantwortung zuschreibe, die Konsumenten bedauere oder gar ablehne, was erreiche ich damit? Gar nichts, zumindest nichts Positives, erst recht nicht eine Verhaltensänderung, z. B. bei Vielsehern!

Eine rigorose Ablehnung von Fernsehen und Video ist letztlich arrogant, kontraproduktiv und manifestiert Gesprächsbarrieren zwischen vermeintlich besser wissenden Erwachsenen und angeblich dummen Jugendlichen!

Gleiches gilt für die Diskussion über die Nutzung des Computers und des Internets: Beide sind aus unserem Leben nicht mehr weg zu denken.Das simple Schimpfen und das Verdammen der virtuellen Welt schickt die Kinder und Jugendlichen genau dorthin, wo wir sie wirklich nicht haben sollten, nämlich in selbst gewählte Nischen. Auch hier gilt für uns Erwachsene: Lassen wir die jungen Menschen nicht vereinsamen vor dem Bildschirm, interessieren wir uns für ihre Vorlieben und Wünsche. Wir sollten uns ihre Filme und Spiele zeigen lassen, um über problematische Inhalte mit ihnen diskutieren zu können. Es ist wichtig, klare Regelungen bezüglich der Zeiten sowie des Inhalts einzuführen und durchzusetzen!

Kinder und Jugendliche müssen wissen, dass private Informationen (Adresse, Telefonnummer etc.) in einem Chatroom niemals preisgegeben werden dürfen. Es gibt zahlreichen Internet-Filter, z. B. den »Web-

Washer« o. ä., und weitere Beschränkungsmöglichkeiten, die technisch einfach zu installieren und in ihrer Wirkung verschieden stark einschränkend sind. Im Kinderzimmer soll so lange kein Computer stehen, bis das Kind einen gewissen Reifegrad und Grundwissen über die Technik mit ihren Möglichkeiten und ihren Risiken erlangt hat. Eltern sollten auch von Zeit zu Zeit auch einen Blick auf das Gespeicherte werfen.

Klare Vereinbarungen müssen die Grundlage bei der Benutzung von Computerspielen sein: Einerseits kann auf ein reichhaltiges Angebot an sozialverträglichen Spielen, die auch Spaß machen, zurückgegriffen werden, andererseits sollte dann mit einem kritisch-solidarischen Dialog begonnen werden, wenn Kinder und Jugendliche eine Vorliebe für so genannte »Ballerspiele« oder »Ego-Shooter« entwickeln. Aber Schimpfen und Verdammen allein führt nicht weiter. Zeigen Sie Interesse, machen Sie sich sachkundig über das Spiel, ohne Ihre grundsätzlich ablehnende Haltung aufzugeben. Ständiger geistiger Input und Beziehungsarbeit verfehlen ihre Wirkung nicht.

Wer sich über die Einstufung von Computerspielen informieren will, dem sei die »Unterhaltungssoftware Selbstkontrolle« (USK, www.usk.de) empfohlen. Auch wenn Kritiker nach dem Amoklauf von Emsdetten der USK unterstellten, sie agiere zu lasch, geben die Klassifizierungen einen guten Anhaltspunkt.

Kritiker, wie zum Beispiel der oben bereits erwähnte Christian Pfeiffer, werfen der USK Verharmlosung vor, da sie zuwenig Spiele komplett indiziere, wodurch sie auf dem deutschen Markt weder beworben noch verkauft werden dürften. Andererseits räumt Pfeiffer selbst ein, dass »ein komplettes Verbot von Gewaltspielen (ist) strafrechtlich schlicht und einfach nicht zu machen« sei. Eine »Indizierung schränkt die Verbreitung von brutalen Computerspielen wirklich ein. (...) Dadurch finden sie unter Kindern und Jugendlichen kaum Verbreitung.« (Pfeiffer, in: Berliner Zeitung, 25./26. November 2006, S. 8) Mir scheint, dass bei dieser Aussage wohl eher der Wunsch der Vater des Gedankens ist – der Wunsch (den ich auch hege) nämlich, solche Spiele tatsächlich zu eliminieren. Doch: Zum einen fördert ein Verbot das Begehren nach gerade dem Verbotenen, zum anderen erscheint es mir reichlich naiv, in Zeiten der Globalisierung und des

Internets daran zu glauben, ein nationales Verbot verhindere, dass Kinder und Jugendliche an das herankommen, was offiziell verboten und deshalb so heiß begehrt ist! Zudem könnte die Indizierung bei gefährdeten Jugendlichen als besonderer Anreiz gesehen werden...

Den Ansatz der USK, zunächst einmal dem Medium Computerspiel ohne Vorbehalte gegenüberzutreten, halte ich für richtig. Natürlich müssen wir immer wieder die Kriterien, die zu einer Einstufung führen, kritisch betrachten. Selbstverständlich kann es auch zu Fehleinschätzungen kommen, die schnell korrigiert werden müssen.

Die Überprüfung von Computerspielen und deren Einstufung nehmen fünf Prüfer vor, die von Kirchen, Jugendverbänden und Landesregierungen benannt werden. Sie werden von den Jugendbehörden der Bundesländer beauftragt. Diese Prüfer treffen eine Vorauswahl; und nur, wenn sich die USK weigert, eine Alterseinstufung vorzunehmen, kann die »Bundesprüfstelle für Jugend gefährdende Medien« (BPjM)eine Indizierung verfügen.

Auf der Homepage der USK kann recherchiert werden, welche Spiele welche Einstufung erhielten, aber auch, welche Kriterien zu einer solchen Kategorisierung führen. Zudem finden wir dort die nun folgende Aufstellung der verschiedenen Alterseinstufungen und ihre jeweilige Bedeutung:

»Die Alterseinstufungen der USK finden sich auf jeder Spieleverpackung und in der Regel auf jedem Datenträger. Auch in einem seriösen Online-Shop wird immer auf die USK-Kennzeichen verwiesen.

Freigegeben ohne Altersbeschränkung gemäß § 14 JuSchG.
Spiele mit diesem Siegel sind aus der Sicht des Jugendschutzes für Kinder jedes Alters unbedenklich. Sie sind aber nicht zwangsläufig schon für jüngere Kinder verständlich oder gar komplex beherrschbar.

Freigegeben ab 6 Jahren gemäß § 14 JuSchG.
Die Spiele wirken abstrakt-symbolisch, comicartig oder in anderer Weise unwirklich. Spielangebote versetzen den Spieler möglicherweise in etwas unheimliche Spielräume oder scheinen durch

Aufgabenstellung oder Geschwindigkeit zu belastend für Kinder unter sechs Jahren.

Freigegeben ab 12 Jahren gemäß § 14 JuSchG.
Kampfbetonte Grundmuster in der Lösung von Spielaufgaben. Zum Beispiel setzen die Spielkonzepte auf Technikfaszination (historische Militärgerätschaft oder Science-Fiction-Welt) oder auch auf die Motivation, tapfere Rollen in komplexen Sagen und Mythenwelten zu spielen. Gewalt ist nicht in alltagsrelevante Szenarien eingebunden.

Freigegeben ab 16 Jahren gemäß § 14 JuSchG.
Rasante bewaffnete Action, mitunter gegen menschenähnliche Spielfiguren, sowie Spielkonzepte, die fiktive oder historische kriegerische Auseinandersetzungen atmosphärisch nachvollziehen lassen. Die Inhalte lassen eine bestimmte Reife des sozialen Urteilsvermögens und die Fähigkeit zur kritischen Reflektion der interaktiven Beteiligung am Spiel erforderlich erscheinen.

Keine Jugendfreigabe gemäß § 14 JuSchG.
In allen Spielelementen reine Erwachsenenprodukte. Der Titel darf nur an Erwachsene abgegeben werden. Bei Verstoß drohen Ordnungsstrafen bis 50.000 Euro. Der Inhalt ist geeignet, die Entwicklung von Kindern und Jugendlichen zu einer eigenverantwortlichen und gemeinschaftsfähigen Persönlichkeit zu beeinträchtigen. Voraussetzung für die Kennzeichnung ist, dass §14 JuSchG Abs.4 und §15 JuSchG Abs.2 und 3 (»Jugendgefährdung«) nicht erfüllt sind.« (www.usk.de)

Diese Alterseinstufungen werden mit verschiedenfarbigen Emblemen, die dem Vorfahrtzeichen des Straßenverkehrs nachempfunden wurden, versehen, die zudem mit der Zahl der Altersfreigabe abgedruckt werden (aus drucktechnischen Gründen ist eine Abbildung leider nicht möglich).

Mit Hilfe dieser Kategorien wird es leichter fallen, eine verantwortungsvolle Entscheidung bei der Auswahl der Computerspiele zu treffen.

Zum erwähnten »Happy Slapping« können einige Hinweise gegeben werden: Eltern können versuchen, ihre Kinder nur mit solchen Handys auszustatten, die keine Bluetoothfunktion haben – ein aussichtsloses Unterfangen. Dennoch sollten sich Eltern in regelmäßigen Abständen die Handys ihrer Kinder zeigen lassen und in deren Beisein selbst kontrollieren, was da alles gespeichert wird. Sind solche Videoaufnahmen vorhanden, sollten diese sofort und endgültig gelöscht werden. Und wieder hilft nur der solidarisch-kritische Disput mit dem Nachwuchs über die Risiken und die Widerwärtigkeit solcher Videos (auch wenn es noch so toll erscheint, diese bei z. B. »youtube« o. ä. Anbietern zu veröffentlichen).

An »meiner« Schule haben wir seit diesem Schuljahr aus vielerlei Gründen und auf Vorschlag der Eltern das Benutzen von Handys während der gesamten Unterrichtszeit und auch in den Pausen untersagt. Einer der entscheidenden Gründe war das wiederholte Aufnehmen von üblichen Streitereien, die anschließend im Internet veröffentlicht wurden. Damit die Kontrolle erleichtert wird, müssen sich die Handys abgeschaltet in der Schultasche befinden, nirgendwo sonst.

Diese Ausführungen, das sei zum Schluss angemerkt, müssen natürlich auch Konsequenzen für das Lehramtsstudium an den Universitäten und die Ausbildungsinhalte für alle pädagogischen Berufe haben. Medienwirkungsforschung und praktische, handlungsgeleitete Anwendungen müssen vermittelt und eingeübt werden. Selbstverständlich gehört dazu eine Ausbildung der technischen Grundfertigkeiten, die aber gerade bei der Videoproduktion überschaubar ist. So wie die StudentInnen der Geographie auf erdkundliche Exkursionen gehen, so müssen PädagogInnen theoretische und praktische Erfahrungen im Umgang mit den modernen elektronischen Massenmedien erlernen können, damit sie ihren Lehr- und Erziehungsauftrag später erfolgreich wahrnehmen können. Nur wer selber Medienkompetenz besitzt, kann sie glaubwürdig weitervermitteln.

Schlusswort

Auch wenn es uns manchmal so scheint, dass wir negativen gesellschaftlichen Erscheinungen machtlos gegenüberstehen, so sollten wir uns von diesem Schein nicht trügen lassen.

Denn wir alle - Eltern, LehrerInnen, PädagogInnen, aber auch politisch Verantwortliche - können in unserem Rahmen kleine und große Schritte unternehmen, die der anwachsenden Gewaltbereitschaft entgegenwirken.

Wenn also das »negative Selbstkonzept« eine Grunddisposition darstellt, auf der Gewaltbereitschaft gut gedeiht, wenn also Gewalttäter seelisch schwache Menschen sind, die vielfache, starke Hilfen benötigen, dann müssen wir dafür Sorge tragen, dass Kinder und Jugendliche in allen Lebensbereichen Raum für Emotionalität, Selbstvertrauen, Kreativität, Körpererfahrung und Zukunftschancen finden.

Dies verlangt von allen verantwortlichen Erwachsenen Einsatz, Nachdruck und die Einsicht, selbst aktiv werden zu müssen - bis hin zur Offenheit, sich selbst zu verändern. Das ist nicht einfach, aber es lohnt sich.

Danksagung

All jenen, die schon zum Gelingen der ersten Auflage dieses Buches beigetragen haben, gilt auch jetzt wieder mein Dank:

Ellen Esen, Dagmar Gellert, Jörg Knackendöffel, Michael Kuhlmann, Jörg Massing, Burkhard Meyer, Axel Preuschhoff, Rainer Schrank und Burkhard Schröder!

Für ihre Unterstützung und ihren Beistand bei der Klärung von Problemen und dem Finden von konstruktiven Lösungen danke ich

Margot Boekhoff, Detlev Thietz und Aïda Lorenz, alle Berlin; ebenso Brigitte Schmidt, die mit ihrem vorbildlichen Engagement vielen LehrerInnen und SchülerInnen in Berlin weiterhilft. Bettina Schubert sei gedankt für die Hilfe bei der Materialbeschaffung.

Brigitte Mund, Bielefeld, hat mir geholfen, meinen Horizont auf dem Feld der Förderdiagnostik zu erweitern. Berthold Gomm, Lemgo, war ebenfalls auf diesem Gebiet hilfreich.

Erwin Tielemans, Belgien, möchte ich stellvertretend für viele bei Lions-Quest nennen. Seine Ausbildung half mir, sozial-emotionale Fähigkeiten effektiv zu vermitteln.

Kerstin Herger, Berlin, steht hier stellvertretend für weitere aktive MitstreiterInnen, die mir mit solidarisch-kritischem Input oft wertvolle Ratschläge gaben.

Ihnen allen möchte ich auch auf diesem Wege noch einmal Dank sagen!

Bernhard Scheller, Delbrück, mein derzeitiger Stellvertreter trägt nicht nur aufgrund seiner langjährigen Erfahrung zum guten Gelingen unseres Schaffens bei, sondern hat mir so manches Mal den Rücken freigehalten, Dank dir und dem Kollegium!

Natürlich darf ein Dank an »meine« Schülerinnen und Schüler nicht fehlen. Sie bereichern mit ihrem erfrischenden Auftreten mein Leben, auch wenn ich auf manche negative Erfahrung gerne verzichtet hätte.

Last but not least bin ich unglaublich dankbar, mit Ingrid, dieser einmaligen und wunderbaren Frau zusammen zu leben – was kann es Schöneres geben?!

Literatur

A. Verwendete Literatur

Bauriedl, T., Wege aus der Gewalt, Freiburg, 3. Aufl. 1993. (Sozialpsycholgische Betrachtung.)

Beck, U., Risikogesellschaft: auf dem Weg in eine andere Moderne; Frankfurt/M., 1986. (Die Folgen für das Sozialgefüge unserer Gesellschaft bei weiterer ständiger Modernisierung werden hier kritisch beleuchtet und analysiert.)

Bergler/Six, Psychologie des Fernsehens, Stuttgart 1979

Boldt, Uli Ich bin froh, dass ich ein Junge bin, Baltmannsweiler, 2001

van den Broek; J., Verschwiegene Not: Sexueller Missbrauch an Jungen; Zürich 1993. (Aktuelle Darstellung zu einem bisher unterschätzten Thema.)

van Broek, L., Vom Ende der Weißheit, Ein Handbuch, Berlin 1988. (Spannende Analyse zu Rassismus und Sexismus mit praktischen Übungen zum Erkennen eigener Anteile.)

Bundesministerium für Familie, Senioren, Frauen und Jugend / Bundesministerium für Justiz, Gewaltfreie Erziehung, Berlin 2003

Bundesverband der Unfallkassen (Hg,.), Gewalt an Schulen, (Ein empirischer Beitrag zum gewaltverursachten Verletzungsgeschehen an Schulen in Deutschland 1993-2003, München 2005)

Butterwegge, Ch., Lohmann, G., Jugend, Rechtsextremismus und Gewalt, Analyse und Argumente, Leverkusen 2. Auflage 2004

Dingel, F., Sander, A., Stöss, R. Ursachen und Ausmaß der NS-Renaissance unter Jugendlichen in Berlin (West) und bildungspolitische Maßnahmen zu ihrer Bewältigung, Berlin 1982.

Farin, K., Seidel-Pielen, E., Krieg in den Städten, Jugendgangs in Deutschland; Berlin 1991. (*Der* Reader zur Situation Jugendlicher im (groß-) städtischen Raum.)

Dies. Rechtsruck: Rassismus im neuen Deutschland, Berlin 1992. (Neuere Berichte zu einem alten Thema, spannend und aktuell.)

Fuchs, M., Lamnek, S., Luedtke, J., Tatort Schule: Gewalt an Schulen, 1994–1999, Opladen 2001

Groebel, Jo, Gewaltprofil des deutschen Fernsehprogramm, Frankfurt/M., 1989

Heinemann K.-H., Schubarth; W., Der antifaschistische Staat entlässt (Hg.) seine Kinder, Jugend und Rechtsextremismus in Ostdeutschland, Köln 1992. (Berichte über Jugend und Rechtsextremismus in Ostdeutschland nach der Wende.)

Heitmeyer, W., Jugend - Staat - Gewalt: politische Sozialisation von Jugendlichen, Jugendpolitik und politische Bildung; Weinheim 1989. (Wissenschaftliche Untersuchung zu gewalttätigen Jugendlichen und ihren Hintergründen.)

Holthusen, B., Jänecke, M., Rechtsextremismus in Berlin, Aktuelle Erscheinungsformen, Ursachen, Gegenmaßnahmen, Marburg 1994. Abschlussbericht des Berlin-Forschungsprojekts, Rechtsextremismus...‹ mit Berichten, Analysen und einer Auseinandersetzung zum Forschungsstand unter

Einbeziehung aller relevanten AutorInnen wie z.B. Rommelspacher, Leggewie, Butterwegge, Th. Geissler, Stöss, Heitmeyer, Schramm, Rajewski u. v. a. Unbedingt empfehlenswert!

Institut Jugend - Film - Fernshen, Baukasten Gewalt, 2. neu bearb. Aufl. (Hg.) München 1995

Kelek, N. Die verlorenen Söhne – Ein Plädoyer über die Befreiung des türkisch-muslimischen Mannes, Köln 2006

Krafeld, F. J. (Hg.), Akzeptierende Jugendarbeit mit rechten Jugendcliquen, Bremen 1992. Erste, grundlegende sowie richtige und wichtige Auseinandersetzung *für* die (Sozial-)Arbeit mit rechten Jugendlichen.

Kühnel, W., Doppelte Identität Jugendlicher im Vereinigungsprozess‹ in: Blätter für deutsche und internationale Politik, Heft 11/91; S.1333 ff. (Ein engagiertes Plädoyer zum besseren Verstehen von Lebensbrüchen der Jugendlichen aus der ehemaligen DDR

Kuhlmann, A., Gewalt in Schule und Gesellschaft, in: Gewalt unter Jugendlichen und Fremdenfeindlichkeit; Friedrich-Ebert-Stiftung (Hg.), Erfurt 1995

Ders. Das Life-Skills-Programm »Erwachsen werden« – ein Beitrag zur Selbstmotivation, in: Smolka 2004, S. 103ff

Ders. Lehrer und Motivation - (wie) geht das?, in: Motivation und Mitarbeiterführung. In: Smolka, D., (Hg.) Neuwied 2000

Ders. Verstehen darf nicht zu Verständnis werden! - Zur Kritik an der akzeptierenden Jugendarbeit, in: Butterwege/Lohmann 2004, S. 217ff

Mantell, D. M., Familie und Aggression. Zur Einübung von Gewalt und Gewaltlosigkeit; Frankfurt/M. 1972. (Der Klassiker auf diesem Gebiet; trotz manch problematischer Aussage lesenswert.)

Marks, E; Meyer, K., Schreckling, J., Wandrey, M., Wiedergutmachung und Strafrechtspraxis; Erfahrungen, (Hg.)neue Ansätze, Gesetzesvorschläge, Bericht über das Forum 1992 für Täter-Opfer-Ausgleich und Konfliktschlichtung, Bonn 1993. (Interessenten des TOA finden hier Erläuterungen, Beschreibungen, Beispiele und praktische Hilfen.)

Neutzling, R., Schnack, D., Kleine Helden in Not; Jungen auf der Suche nach Männlichkeit, Reinbek bei Hamburg 1990. (Die erste populärwissenschaftliche Auseinandersetzung zum Problem der Jungensozialisation - und bereits zu Recht ein Klassiker; ein Muss für Eltern und PädagogInnen.)

Dies. Prinzenrolle Reinbek bei Hamburg 1993.

Pfeiffer, Chr., Wetzels, P. Junge Türken als Täter und Opfer von Gewalt, Hannover 2000

Preuschoff, A. und G., Gewalt an Schulen - und was dagegen zu tun ist, Köln 1992. (Flüssig und verständlich geschriebenes Werk von einer Grundschullehrerin, die auch in der Kinderpsychologie und -therapie zu Hause ist, und einem Pädagogen der Erwachsenbildung, der viel zu Faschismus, Gewalt und gegen das Vergessen gearbeitet hat.

Dies. Gewalt an Schulen - und was dagegen zu tun ist, Band 2, Köln 1994. (Ein Füllhorn an konkreten Adressen von Vereinen, Verbänden, Informationsstellen etc., an die sich Hilfe suchend gewandt werden kann.

Preuschoff, Gisela Arme Jungs, Köln 2004

Rauchfleisch, Udo, Allgegenwart von Gewalt, Göttingen 1992
Richter, H.-E., »Aggressiv sind nur die anderen«, in: Der Spiegel, Heft 49/1971, S. 158
Rommelspacher, B., Rechtsextreme als Opfer der Risikogesellschaft. Zur Täterentlastung in den Sozialwissenschaften‹, in: 1999, Heft 2/1991, S. 75 - 87. (Die Autorin richtet den Blick auf die verbreiteten Entlastungsstrategien, mit denen aus Tätern per Definition Opfer werden und wendet sich entschieden gegen eine Pädagogisierung des Problems.)
Schäfer, M., Korn, S., Maßnahmen gegen die Gewalt an Schulen: Ein Bericht aus Deutschland, http://www.gold.acuk/connect/greportsgermany. Html, 2001
Schmälzle, Udo (Hg.) Mit Gewalt leben: Arbeit am Aggressionsverhalten in Familie, Kindergarten und Schule, Frankfurt/M. 1993
Schröder, B. Rechte Kerle. Skinheads, Faschos, Hooligans, Reinbek bei Hamburg 1992. (Schröder berichtet frech und witzig, aber genau aus dem Milieu der Rechtsextremen; eine äußerst lebendige Darstellung)
Senatsverwaltung für Bildung, Jugend und Sport, Berlin, Notfallpläne für die Berliner Schulen, Hinsehen und Handeln, Berlin 2005
Smolka, D. (Hrsg.) Motivation und Mitarbeiterführung, Neuwied 2000
Ders. Schülermotivation. Konzepte und Anregungen für die Praxis, 2. Aufl. Neuwied 2004
Spanhel, Dieter, Jugendliche vor dem Bildschirm, 2. Auf. Weinheim 1990
Tennstädt, K.-Chr., (Hg.), Das Konstanzer Trainingsmodell (KTM). Ein integratives Selbsthilfeprogramm für Lehrkräfte zur Bewältigung von Aggressionen und Störungen im Unterricht, Band 1: Trainingshandbuch, Band 2: Theoretische Grundlagen, Stuttgart 1987. (Vorsicht: Keine preiswerte Angelegenheit, besser ist es, Bibliotheken aufzusuchen! Wer es trotzdem kaufen möchte, benötigt für die unterrichtliche Praxis lediglich Band 1. Beide Bände sind gut lesbar, Band 1 überzeugt zudem wegen seiner äußerst praktischen Benutzbarkeit.)
Tichy, R. Ausländer rein, Warum es kein »Ausländerproblem« gibt; München 1990. (Eine genaue Analyse und Beschreibung, eine exakte und scharfe Kritik bundesdeutscher Ausländerpolitik, eine beispielhafte Faktensammlung mit vielerlei (Verbesserungs-) Vorschlägen, eine sehr gute Unterrichtsvorbereitung, dies alles leistet der Autor mit seinem Werk! Ein Muss für LehrerInnen.)
Walker, J., Gewaltfreie Konfliktlösung im Klassenzimmer, Band 1 - 5, Berlin 1991 - 1993 (Kommentierung im Text.)
Weidner, J., Anti-Aggressivitäts-Training für Gewalttäter, Bonn 1990. (Wissenschaftlicher Bericht über das Anti-Aggressivitäts-Training in JVA Hameln. Nicht immer einfach zu lesen; für Menschen, die sich hiermit genauer auseinandersetzen müssen oder wollen, stellt dieses Werk die Grundlage dar.)
Ders., Handlungskonzepte und Praxiserfahrung. Tatverarbeitung von Gewalttaten: Die Täter, in: Marks u. a., Wiedergutmachung und Strafrechtspraxis, Bonn 1993. (Äußerst knappe Kurzfassung zum angegebenen Thema, als Einführung dennoch geeignet. Informationen zum Täter-Opfer-Ausgleich
Zilbergeld, Bernie, Die neue Sexualität der Männer, 4. Aufl. Tübingen 2000

B. Weitere empfehlenswerte Literatur

Zu den hier aufgeführten Werken werden nicht immer ausführliche Angaben über Inhalt gegeben, da einige Werke lediglich auszugsweise gelesen und verarbeitet wurden.

Arbeitsgemeinschaft Kinder- und Jugend-Schutz (AJS), NRW, Mobbing unter Kindern und Jugendlichen, Essen, ohne Jahr

Baensch, T., Jugendlichen Raum lassen? Maßnahmen und Projekte gegen national-autoritäre Orientierungen und rechtsextremistische Tendenzen, Hamburg 1992.

Balser, H. et al. (Hrsg.), Schulprogramm Gewaltprävention, Ergebnisse aktueller Modellversuche, Neuwied, 2. Auflage 2001

Berliner Landes-Institut für Schule und Medien (LISUM), Berliner Anti-Mobbing-Fibel – Was tun wenn, Eine Handreichung für eilige Lehrkräfte Berlin 2. Auflage 2005

Böhnisch, Männliche Soziali-Wintersation, Weinheim 1993. (Für Interessenten der geschlechtsspezischen Arbeit empfehlenswert.)

Büttner, Ch., Mit aggressiven Kindern leben; Weinheim, 2. Aufl. 1989.

Ders., Videohorror, Schule und Gewalt. Pädagogische Entwürfe für die Lehrerfortbildung gegen Horrorvideos und Gewaltvideos bei Kindern und Jugendlichen, Weinheim 1990. (Beide Werke dienen der wissenschaftlichen Auseinandersetzung und enthalten auch konkrete Tipps und Ratschläge.)

Busch, R. (Hg.), Streetwork im Bermuda-Dreieck. Rechtsextremismus in Berlin: Gegenstrategien, Berlin 1992. (Lesenswerte Zusammenfassung einer spannenden Fachtagung.)

Butterwegge, Ch., Rechtsextremismus im vereinten Deutschland. Randerscheinung oder Gefahr für die Demokratie? Bremen 1990.

Ehninger, F., Schuster, K.-D., Streitschlichtung und Umgang mit Gewalt an Schulen, Magdeburg 2000

Engelmann, R. (Hg.), Morgen kann es zu spät sein, Texte gegen Gewalt - für Toleranz, Würzburg 1993. (Praxis orientiertes Sammelwerk, welches sich hervorragend für den Einsatz im Unterricht eignet.)

Erhard Friedrich Verlag (Hg.), SCHÜLER 1995: GewaltLösungen, Seelze 1995 (Sammelwerk, das sich an PädagogInnen wendet, und das dabei Analyse und Hilfsvorschläge gleichermaßen bietet.)

Förster, H. et al. (Hg.), Jugendarbeit an sozialen Brennpunkten, 2. Aufl. Leipzig 2001

Funke, H., ‹Republikaner', Rassismus, Judenfeindschaft, nationaler Größenwahn. Zu den Potentialen der Rechtsextremen am Beispiel der ‹Republikaner', Berlin 1989 (Funke setzt sich mit der Renaissance von Antisemitismus und Fremdenfeindlichkeit auseinander, er weist auch auf die Möglichkeiten rechtsextremer Gruppierungen hin.)

Giordano, R., Die zweite Schuld oder: Von der Last, Deutscher zu sein, Hamburg 1987. Für die Standortbestimmung eines ‹neuen(?)' deutschen Selbstverständnis darf dieses Werk nicht fehlen.

Gordon, Th., Familienkonferenz - Die Lösung von Konflikten zwischen Eltern und Kind, Hamburg 1972.

Ders., Familienkonferenz in der Praxis - Wie Konflikte mit Kindern gelöst werden, Hamburg 1978.

Ders., Lehrer - Schüler - Konferenz - Wie man Konflikte in der Schule löst, Hamburg 1977. (Alle drei Bücher von Gordon sind Standardwerke zum partnerschaftlichen Umgang in Konflikt-Situationen. Sie sind in Neuauflagen erschienen und weiterhin wertvolle Ratgeber.)

Hessischer Jugendring, Nicht immer - aber immer öfter! Jungen- und Mädchenarbeit. Überlegungen und Ansätze in Theorie und Praxis, Wiesbaden 1992.

IFFJ Berlin (Hg.), Jugendarbeit und Rechtsextremismus - Erfahrungsberichte und kommentierte Literaturliste, Berlin 1994

Knapp, R. et al., Dicke Luft im Lehrerzimmer, Konfliktmanagement für Schulleitungen, München 2004

Korte, J., Faustrecht auf dem Schulhof. Über den Umgang mit aggressivem Verhalten in der Schule,Weinheim 1992. (Korte selbst ist Lehrer und Di-rektor einer Schule in Schleswig-Holstein und er fordert die PädagogInnen zu einer bewussten, bisweilen strengen und konsequenten Erziehung gegen soziale Verwahrlosung und Gewalt auf.)

Kowalczyk, W., Ottich, K., Was wir mal besprechen müssen, Schulleitung als Gesprächspartner, München 2003

Kuhn, A., Konflikt- und Problemlagen Jugendlicher - eine Einführung, in: Marks, E. u.a., Bonn 1993. (Die Autorin beschäftigt sich seit langem mit den Biographien heutiger Jugendlicher, um auf einen gravierenden Wandel aufmerksam zu machen: Es gibt so gut wie keine gradlinigen Lebensläufe mehr! Interessant und lesenswert wie das gesamte Sammelwerk zum Thema Täter-Opfer-Ausgleich.

Mitscherlich, A., Mitscherlich, M., Die Unfähigkeit zu trauern; Leipzig 1990. (Empfehlenswerter Klassiker, nicht nur zum persönlichen Umgang mit dem Holocaust.)

Neubauer, W. et al., Konflikte in der Schule, Aggression-Kooperation-Schulentwicklung, Neuwied, 5. Auflage 1999

Petermann, F., Petermann, U., Training mit Jugendlichen. Förderung von Arbeits- und Sozialverhalten, 2. veränd. Aufl., ohne Ort und Jahr. (Petermann/ Petermann haben z. B. mit Atmungsentspannungsübungen für Jugendliche mit Verhaltensauffälligkeiten sehr gute Ergebnisse erzielen können. Ein wichtiger Ratgeber, gerade für den Jugendfreizeitbereich, aber auch für die Schule)

Posselt, R.-E., Schuhmacher, K., Dem HASS keine Chance! Projekthandbuch: «Rechts-extremismus», Mülheim 1991.

Dies. Projekthandbuch: Gewalt und Rassismus, Mühlheim 1993. (Beide Bücher sind ein absolutes Muss für alle, die sich mit Kindern und Jugendlichen beschäftigen! Neben einer Einführung in das Thema ›Rechtsextremismus‹ werden Praxis erprobte Handlungsbeispiele und -projekte zu den Gebieten ›Kinder und Spiele‹, ›Medien‹, ›Stadterkundungen‹, ›Aktionen und Projekte‹, ›Großaktionen‹, ›Briefe schreiben‹, ›Theater und Szenen‹, ›Politikern auf die Finger klopfen‹, ›Woche der ausländischen Mitbürger‹,‹Pädagogische Grauzonen‹, ›Offene Arbeit als Drehpunkt interkulturellen Lebens‹ und eine Material- sowie Literaturliste angeboten. Das zweite Buch ist ähnlich gegliedert, indem zunächst einige Kapitel der thematischen Einführung gewidmet sind (Vorbemerkungen, Arbeitsgrundlagen für eine antirassistische Praxis, das rechtsextremistische Netz, Gewalt, Sexismus thematisieren, Gewalt in der Schule, Was ist den eigentlich..?, Deutschland zum Thema machen), dann werden wiederum Praxis orientierte Anregungen gegeben (Politikern auf die Finger klopfen, Spiele gegen Gewalt und Rassismus, Projekte und Aktionen, Antirassismus im Betrieb, Rassismus-Tests, Multi-Kulti, Gottesdienste, Muslime und Christen), um letztlich auch mit einer Literatur-, Material- und Adressenliste zu schließen. Insgesamt über 630 lesenswerte, aufschlussreiche und höchst informative Seiten.

Reitemeier, J., Mediation und Streitschlichtung, Kissing 2001

Schröder, B., Heroin, Ein Aufklärungsbuch, Reinbek bei Hamburg 1994. (Ein Aufklärungsbuch, das diesen Namen verdient und ihm alle Ehre macht! Wenn Suchtverhalten auch nicht ganz zum Thema dieses Buches gehört, soll es trotzdem allen empfohlen seien. Schröder setzt sich fundiert, engagiert und kritisch mit der Drogenprophylaxe, den gängigen Therapien und der Drogenpolitik der BRD auseinander. Ein Buch mit überraschenden Fakten, dass für eine Entkriminalisierung und Entspannung in der Drogenpolitik plädiert. Für DrogenkontaktlehrerInnen und alle, die mit Abhängigen zu tun haben, unbedingt zu empfehlen.

Senatsverwaltung für Arbeit und Frauen Berlin, Gewalt gegen Mädchen an Schulen, Berlin 1992. (Eine engagierte Bestandsaufnahme mit hilfreichen Ratschlägen und Praxisberichten sowie einer Liste ausgewählter Literatur und Mädchenprojekten in Berlin.)

Stöss, R., Die extreme Rechte in der Bundesrepublik, Entwicklung, Ursachen, Gegenmaßnahmen, Opladen 1989.

Ders., Die ›Republikaner‹. Woher sie kommen. Was sie wollen. Wer sie wählt. Was zu tun ist, Köln 1990. (Stöss arbeitet seit langem an der Freien Universität Berlin zum Thema Rechtsextremismus und ist heute einer der versiertesten Fachleute auf diesem Gebiet. Seine Veröffentlichungen gehören deshalb bereits zu den Standardwerken.

Informationen – Eine Link-Liste fürs Internet

Trotz aller Sorgfalt kann es passieren, dass Websites, die hier aufgeführt werden und bei Erstellung des Manuskriptes aufzufinden sind, nach Drucklegung des Buches aus dem Netz entfernt wurden, warum auch immer. Ich bitte um Verständnis in einem solchen Falle.
Hier werden »nur« überregionale Angebote gelistet – alles andere würde den Rahmen dieses Buches sprengen und liefe auch meinem Ansatz, dass ein/e Jede/r selbst aktiv gegen Gewalt werden soll, zuwider. Deshalb wird auf den Anspruch der Vollständigkeit gerne verzichtet!
Des Weiteren wird insbesondere darauf hingewiesen, dass für die Inhalte der hier genannten Websites alleine deren Betreiber verantwortlich sind. Sollten auf den genannten Seiten juristisch zu beanstandende Inhalte vorzufinden sein, wird sich hiermit davon explizit distanziert.

A. Allgemein

www.bessereweltlinks.de
www.gewalt-in-der-schule.info
www.gewalt-tut-weh.de
www.kidsinfo-gewalt.de
www.kidsmobbing.de
www.kindernetz.de
www.lehrer-online.de
www.mediengewalt.de
http://medienkiosk-neu.de/gewalt
www.mobbing-web.de
www.mut-gegen-rechte-gewalt.de
www.politische-bildung.net
www.schueler-mobbing.de
www.schule-ohne-rassismus.org
http://schuleundrechtsextremismus.foren-city.de

B. Institutionen, Vereine etc.

www.ajs.nrw.de	Arbeitsgemeinschaft Kinder- und Jugendschutz
www.blk-demokratie.de	Bund-Länder-Kommission, Demokratie lernen & leben
www.bpb.de	Bundeszentrale für politische Bildung
www.bzga.de	Bundeszentrale fürgesundheitliche Aufklärung

www.datarex.info	Arbeitsstelle Rechtsextremismus und Gewalt
www.dksb.de	Deutscher Kinderschutzbund
www.elternimnetz.de	
www.jugendschutz.de	
www.jugendschutz.net	
www.liga-kind.de	Deutsche Liga für das Kind
www.raa.de	Regionale Arbeitsstellen zur Förderung von Kindern und Jugendlichen aus Zuwandererfamilien
www.unfallkassen.de	
www.weisser-ring.de	Opferhilfe

C. Projekte Soziales Lernen

www.antibullying.net	
www.buddy-ev.de	
www.faustlos.de	(Kindergarten & Grundschule)
www.klasse2000.de/index.php	(Grundschule)
www.lions-quest.de	(SEK I)
www.papilio.de	(Kindergarten)
www.respekt-online.de/start.html	